Manual de riqueza consciente

Manual de riqueza consciente

Plan de entrenamiento mental
para atraer el éxito y la abundancia

Cristóbal Amo

VERGARA

Papel certificado por el Forest Stewardship Council®

MIXTO
Papel | Apoyando la
silvicultura responsable
FSC® C117695

Penguin
Random House
Grupo Editorial

Primera edición: junio de 2024

© 2024, Cristóbal Amo
© 2024, Penguin Random House Grupo Editorial, S.A.U.
Travessera de Gràcia, 47-49. 08021 Barcelona

Printed in Spain – Impreso en España

ISBN: 978-84-19820-31-0
Depósito legal: B-7.959-2024

Compuesto en Llibresimes, S. L.

Impreso en Black Print CPI Ibérica
Sant Andreu de la Barca (Barcelona)

VE 2 0 3 1 0

Índice

Para mi hija Clara.

Este libro lo he escrito para ti con todo mi amor.

Si alguna vez deseas llevar una vida de plenitud y crecimiento,

solo tienes que aplicar este libro.

Te quiero mucho

Introducción

Todos, en algún momento, hemos sentido que nuestra existencia no tiene sentido. Que no encajamos en ninguna parte. Que hemos llegado a la Tierra no sabemos muy bien cómo. Que, más que vivir, sobrevivimos. Y que lo hacemos dentro de una burbuja, un sueño irreal y monótono. La buena noticia, sin embargo, es que es solamente eso: un sueño. Y podemos despertar.

Yo desperté en este mundo el 25 de mayo de 2013.

En ese momento, estaba en un estado lamentable. Pensaba que mi vida ya no tenía sentido. Creía que todo se había acabado. Y entonces, lo entendí. Entendí que siempre había estado haciendo las cosas de forma desenfocada.

Energéticamente mal. Para que mi vida diera un giro, eso es lo que debía cambiar. Y por eso comencé a elaborar mi plan. Porque sin un plan, no vas a ninguna parte, no llegarás muy lejos. Da lo mismo toda la buena intención y la energía que tengas, pues estas tienen que estar bien dirigidas a un objetivo claro.

Entonces, vi que existía una diferencia entre una persona a la que le van bien muchas cosas y otra a la que le van mal muchas cosas. La diferencia está en lo que habita en sus mentes.

Llevo diez años dedicado a estudiar, a entender y a investigar qué es lo que tiene que haber en nuestra mente para vivir bien. Y, por supuesto, cómo conseguimos meterlo allí.

En este libro, yo ofrezco mi visión sobre la riqueza consciente.

Considero que todo el mundo puede ser rico. Yo me defino como un agente colaborador con la riqueza del mundo.

Pero ¡atención! Solo hay dos grupos de personas: aquellos que son ricos conscientes y todos los demás.

La riqueza consciente es el único tipo de riqueza que existe. Tiene que ver con comprender las reglas del juego de esta terrenalidad y conectarla con nuestra divinidad. Consiste en elevar nuestro estado de consciencia al mismo tiempo que disfrutamos de riqueza material, ayudando a hacer de este un mundo mejor.

La riqueza consciente también supone la unión de la riqueza terrenal con la grandeza de nuestro ser. Es posible para todo el mundo y de forma muy rápida. Espero que estas páginas y mi propio testimonio de vida te resulte altamente inspirador.

¿Eres capaz de alcanzarlo todo? ¿Sí o no? La respuesta es que sí. Lógicamente, hay algunos matices importantes en esta cuestión, como, por ejemplo, que todo suele darse de forma progresiva y no de forma inmediata. Siempre me ha llamado mucho la atención aquella famosa frase de Abraham Hicks que dice: «Puedes ser, hacer y tener todo lo que desees», y a mí esto me generaba muchas dudas porque yo quería ser mucho más grande, mucho más fuerte y mucho más rico, incluso también deseaba tener mucha más sabiduría. Pues bien, os tengo que decir algo en relación con el conocimiento y la sabiduría: por fin ahora me he dado cuenta de que esto es prioritario.

Esta experiencia aquí, en la Tierra, es absurda para un ser divino como nosotros. Sin embargo, recordemos que nada se produce por azar, está escrito que hasta los pelos de tu cabeza estén contados. Todo, absolutamente todo, tiene un sentido. Si estamos aquí, es por algo y para algo. Incluso en los momentos en los que no entendamos nada y todo nos vaya fatal, nos interesa mucho recordar esta idea.

Cuando tienes una gran visión, el mundo es mucho más fácil y hermoso. Te animo a incorporarlo en tu vida. También te animo a incorporar, siempre a nivel mental en primer lugar, un camino interior para la grandeza que podríamos llamar «camino espiritual», pero que yo propongo que esté lleno de conceptos sencillos, prácticos y de fácil aplicación diaria.

¿Te sumas al plan?

Palabras mágicas para recordar

Solo hay dos grupos de personas en el mundo:

El primer grupo está compuesto por personas con riqueza consciente.

El segundo grupo lo forman personas con riqueza inconsciente y personas con pobreza inconsciente.

El único interés de todos los que habitamos la Tierra es conseguir que cada año pasen más personas al primer grupo.

1

¿Estás saltándote las señales de tráfico?

Estamos entendiendo mal las leyes en las que se basa nuestra felicidad. Son reglas sencillas, iguales que las leyes de tráfico con las que todos estamos muy familiarizados.

Por ejemplo, imagina que vas conduciendo un coche y que, en una calle donde pone prohibido ir a más de 40 kilómetros por hora, tú vas a 80. Es muy fácil que, si haces esto con frecuencia, en algún momento, las autoridades de tráfico te pongan una multa. Supón ahora que giras hacia la izquierda donde no puedes hacerlo y que no te paras en un stop o un ceda el paso donde las señales de tráfico lo indican. Seguramente, acumularás muchas multas de tráfico cada día y puedes chocar, sufrir accidentes con otros coches e, incluso, atropellar a una persona.

Luego, no servirá de nada decir «no lo pude evitar» o «fue un accidente».

Las leyes de la Tierra son muy fáciles de entender. Te estás empeñando muchísimo en no aplicarlas, por lo tanto, cada día estás recibiendo multas energéticas terrenales por no hacer caso.

La experiencia placentera de conducir por una carretera en un entorno agradable, un día primaveral, con un paisaje que te alegra el corazón, se puede torcer cuando te empeñas en circular en sentido contrario, chocando con todos.

Solamente eres libre de poder elegir cuando conoces las leyes de tráfico, cuando tienes conocimiento de lo esencial de la vida. Por ello, estudiar es indispensable.

¿Por qué sucede esto?

1. Nos lo tomamos todo como algo personal.
2. Nos resistimos a aprender.
3. No entrenamos nuestra mente ni conocemos cómo funciona.

Cuando te sientes bien, estás creando la vida que deseas. Sin embargo, cuando no te sientes bien, no te hallas creando la vida que quieres. Por ejemplo, cuando juzgas y criticas continuamente a personas que son igual de imperfectas que tú. Tienen igual de buen corazón, simplemente, no están haciendo en este momento lo que tú quieres que hagan, de la forma en que tú quieres que lo hagan.

De este modo, te estás cargando de mala energía. Estás olvidando que son seres energéticos como tú, solo que, con un camino distinto al tuyo, en un momento experiencial y vivencial diferente al tuyo, al menos, en este momento. Además, con todo esto, estás perdiendo la gran oportunidad de aprender lo que hay detrás de esta situación.

Y es que estás atacando a alguien que es como tú en muchos aspectos. ¡Te estás atacando a ti mismo! Por otro lado, te estás olvidando de que todos vamos en el mismo barco y somos gotas del mismo mar. Y luego te extrañas de que tu vida vaya muy mal. Inconscientemente, estás acumulando muchas multas energéticas terrenales.

Como dijo Nikola Tesla, «si quieres entender tu vida y el universo, simplemente debes pensar en términos de energía, frecuencia y vibración». ¡No somos otra cosa! Sin embargo, tú ¿a qué te dedicas? A circular mal, a perder tu energía todo el tiempo y a creerte ilógicamente que eres un cuerpo físico material.

Debes entender que tu mente terrenal te distrae. Te impide ver con claridad el buen camino. Te confunde. Detrás de todo esto, podemos pensar que hay un mensaje, una enseñanza. Esta vida está llena de pruebas, igual que en la escuela. Aprendemos cosas y nos ponen exámenes. Si los aprobamos, podemos seguir aprendiendo más. Y, si los suspendemos, tenemos que continuar estudiando la materia hasta que la superemos.

Cuando lo resuelves, avanzas; cuando no lo resuelves, repites y repites...

¿Y tú, qué quieres? ¿Avanzar o repetir?

Saquemos un aprendizaje de todo esto: tienes grandes capacidades. Tu primera tarea es entender y gestionar tu mente terrenal. Si suspendes esta asignatura, no esperes que te salgan bien otras: entrega, renuncia, confianza, desapego, gratitud, dejar ir, aceptación, hábitos de amor incondicional, metas terrenales y divinas...

¿Quién ha creado esta mente terrenal?

¿Por qué esta mente terrenal no funciona con una mayor facilidad?

Hacerte estas preguntas es tan absurdo como empezar a plantearte que las señales de tráfico deban ser las que tú quieres que sean. Quiero circular a 100 kilómetros por hora dentro de la ciudad... ¡imposible! Deseo poder estacionar en cualquier parte... ¡imposible! No puedes estacionar bloqueando salidas de garaje o en las zonas reservadas para carga y descarga de vehículos de transporte, ni aparcar en medio de la calle impidiendo la circulación del resto de conductores.

Pero lo estás haciendo.

Solo tienes un camino: entender y seguir las leyes. No te resistas más y deja de sufrir.

Frase mágica para no olvidar

Primero, la transformación; luego, los resultados. Tenemos invertida la fórmula del éxito, queremos hacerlo al revés y así no funciona.

2

¿Somos solo un cuerpo?

Yo he pasado por muchas fases en relación con este asunto. Al principio, por supuesto, pensaba que no había nada más que el cuerpo, independientemente de que existiera la reencarnación o no y de que viviéramos otras vidas. Por lo tanto, me identificaba mucho con mi físico.

Continuamente, tenía pensamientos extraños asociados a una mejor o peor evolución de mi cuerpo. Todo esto ocurría en mi vida inconsciente, anterior a mayo de 2013. Y pensaba, por ejemplo, ¿qué haré cuando sea viejo? ¿Y si me enfermo de algo grave? ¿Y si me quedo paralítico?

Al comienzo de mi reciente vida consciente, yo intuía que nuestra mente tiene que ser muy superior a nuestro cuerpo, pero como no lograba avances significativos ni entendía el juego físico y mental absurdo que existe en la Tierra, les daba muchas vueltas a estas ideas en mi cabeza, sin llegar a ninguna parte.

Escuchaba a numerosas personas hablar de la Matrix, de la 3D y de la 5D. Intuía que por ahí había muchas más cosas, aunque yo no viera nada. En el verano de 2017, empecé a integrar la idea de que estamos aquí en cuerpo y alma (que tampoco es cierta, pero ya era un avance). Aun así, seguía viendo un cuerpo indómito al que me costaba mucho llevar al gimnasio y al que le gustaban mucho los dulces, las galletas y el azúcar en general.

Tomaba dos o tres cafés al día con varias cucharadas de azúcar; ahora me he quitado de la cafeína y de la teína, y todo lo tomo sin edulcorantes.

Algunas conclusiones que ya podemos ir viendo son que el cuerpo no piensa, el cuerpo está asociado a toda la programación que tenemos escrita en el inconsciente y está ligado a nuestro ego. Todo esto forma una alianza muy loca que es imprescindible entender y aprender a gestionar.

¿Cómo y de dónde sacamos voluntad y disciplina para

tener una alimentación mejor y realizar un ejercicio físico coherente si previamente no tenemos una disciplina?

Recuerda que solo somos energía.

Recuerda que nos interesa adquirir conciencia y conocimiento de muchas cosas importantes. Sin embargo, esto es imposible cuando estamos muy bajos de energía.

Este camino negativo nos lleva de forma irremediable a desperdiciar mucha energía física, que necesitamos para vivir mejor en la Tierra y sacar adelante nuestros proyectos. Además, nos afecta a otros niveles. Tendremos menos defensas contra las enfermedades. Empezaremos a acumular más grasa de la que nos viene bien y sobrepeso. Nuestra autoestima empeorará y no nos sentiremos orgullosos de nuestro cuerpo ni de nosotros mismos ni de nuestra vida.

Nuestro cerebro es el órgano del cuerpo que más energía gasta. Cuando no somos capaces de gestionar eficazmente nuestro cuerpo, tenemos menos energía y el cerebro piensa y decide peor, pues le llega menos oxígeno, estamos más cansados.

Las siguientes conclusiones que empecé a sacar de todo esto son que podemos avanzar mucho a través de la adquisición del conocimiento que nos permita entender y abordar toda esta compleja situación.

En primer lugar, el cuerpo no piensa, el cuerpo es rehén, es un títere de nuestro inconsciente y de nuestro ego.

En segundo lugar, nosotros hemos creado nuestro ego en otros planos para poder vivir en la Tierra. Es un autoego y las trampas que nos pone son también nuestras autotrampas.

El ego es nuestro gran aliado a la hora de ayudarnos a salir de nuestra zona de confort. En nuestro formato terrenal, nos cuesta avanzar y evolucionar. Por eso, nos hemos buscado este truco terrenal que es el ego. Así, cuando queremos quedarnos en nuestra zona cómoda, nos aprieta y nos ayuda a salir de allí; en realidad, cuando nos resistimos, nuestro ego tiene permiso para apretarnos cada vez más. Esto hace que podamos vivir bien o que podamos vivir muy mal; simplemente, tenemos que seguir las reglas de la vida que nosotros mismos hemos creado en nuestro plano divino.

Somos seres divinos, así que, inevitablemente, todo lo que ocurre aquí lo hemos creado nosotros y nada de lo que sucede aquí puede dañarnos.

Ahora que ya sabemos que en la Tierra se puede vivir muy bien, entenderemos mejor cómo el ego nos ayuda a mantenernos vivos y nos ayuda a que podamos disfrutar de esta terrenalidad, evitando que veamos nuestra divinidad, lo cual le quitaría toda la gracia a este parque de atracciones que es la vida.

El ego nos hace creer que existe el tiempo, el espacio y la materia. Curiosamente, la física cuántica nos dice, desde hace ya más de cincuenta años, que vivimos en un universo sin materia, atemporal y *aespacial*, tal y como la metafísica nos venía diciendo hace miles de años.

Nada material existe. Sin embargo, como tiene una apariencia muy real y además estamos aquí por algo y para algo, prestaremos atención con amor a todo lo que aquí pase.

Otro dato importante: nuestro cuerpo existe y no existe a la vez. Ya hemos dicho que solo existe la energía, la frecuencia y la vibración. Además, aparentemente, en primera instancia, no es un cuerpo divino. Pero podemos trabajar conscientemente para que llegue a serlo, una de las claves está en nuestro inconsciente y en enfocarnos en cosas buenas.

Nuestro inconsciente tiene un poder inconmensurable, pero tampoco es capaz de pensar ni de enfocarse ni de decidir ni de elegir. Al mismo tiempo, es nuestra mejor conexión con nuestra divinidad, lo sabe todo y está conectado a todo. Dirige esta experiencia material a través de los programas que tiene allí escritos. La clave está en que lo podemos gestionar de forma emocional con nuestro consciente.

Nuestro inconsciente nos muestra con amor todos los pensamientos erróneos que, con nuestro consciente, hemos grabado allí. Esto lo hace afectando principalmente a nuestro cuerpo con dolores y síntomas de todo tipo, que corresponden con conflictos emocionales concretos.

Si entendemos estas claves sencillas, tendremos una gran capacidad de gestión.

Nunca podremos realizar una buena gestión de nuestro inconsciente y de nuestro cuerpo si no es a través del conocimiento sobre cómo funciona todo para, posteriormente, ponerlo en práctica, adquiriendo sabiduría y maestría.

No somos un cuerpo, no tenemos físicamente un cuerpo; tampoco estamos aquí en cuerpo y alma. Tan solo somos energía divina soñando con un cuerpo para poder disfrutar de todas las cosas maravillosas que esta experiencia terrenal puede ofrecer cuando espabilamos un poco.

Palabras mágicas para recordar

Las tres trampas mentales que nos hacen creer que somos un cuerpo y que estamos teniendo una experiencia terrenal son la trampa del tiempo, la trampa del espacio y la trampa de la materia.

3

Algo del ego que desconocías

Te quiero hablar de una virtud maravillosa del ego que a mí me ha costado muchos años ver y entender. Al principio de este despertar espiritual, yo pensaba que al ego había que eliminarlo, porque nos proporciona muchas experiencias negativas, pero después descubrí que es una creación nuestra y un compañero de viaje en este viaje de la vida, y que debemos pretender sanarlo. Solo así lo pondremos a nuestro favor. Lo que nunca imaginé fue que, cuando estamos enfocados en crecer, el ego fuera una de las cosas que más nos ayuda; de hecho, posiblemente el único motivo por el que lo hemos creado ha sido para que tenga esa función.

Algunas de las cosas que seguramente ya sabes sobre el ego son:

- Cortoplacismo *versus* largoplacismo: busca una gratificación instantánea y, a menudo, ignora la importancia de pensar a largo plazo. La simplicidad y la facilidad suelen ser más efectivas que la complejidad y el esfuerzo.

- Postergación y demora: incita a dejar las cosas para después, creando un patrón de procrastinación que va en contra del éxito y la prosperidad.

- Comparación y autoexclusión: engaña al individuo haciéndole creer que otros pueden tener éxito, pero él no. Todos somos iguales y capaces, y este pensamiento limitante es una artimaña del ego, que juzga y compara continuamente.

- Creación de la ilusión del tiempo escaso: nos convence de que siempre estamos limitados en el tiempo, que este es escaso y que va en nuestra contra, generando estrés y ansiedad. Desde la perspectiva del alma, somos seres eternos y no deberíamos sucumbir a la presión del tiempo.

- Aferramiento a la razón: busca constantemente tener razón, incluso a expensas de la felicidad. A veces, es necesario elegir entre tener razón y ser feliz.

El ego quiere competir y ganar, también quiere tener más.

Nos hace tener una relación disfuncional con la comida y con la sexualidad.

Nos conecta con la idea de separación, con la dualidad y la materia; nos hace creer que somos un cuerpo, que tenemos un cuerpo, que la materia existe y que estamos separados unos de otros. Todo esto es totalmente falso.

Nos distrae, nos hace tropezar, nos enreda, nos lía.

Cuando estamos llevando una vida consciente, aparece lo que podríamos llamar «ego espiritual», que puede ser más enrevesado que el ego normal.

El ego, en primera instancia, es muy terrenal y también se le conoce como el «pequeño yo»; por otro lado, nuestro ser sería el «gran yo».

El sistema de pensamiento dual y *egoico*, para conseguir todo esto, busca una asociación entre el ego, una parte del inconsciente y el cuerpo.

El cuerpo no piensa, el cuerpo es un rehén, es un títere del ego y del inconsciente.

Todo esto nos proporciona enfermedades, problemas y emociones bajas durante toda nuestra vida. Por eso, yo quería eliminarlo, pensaba que así solucionaría todos mis problemas.

Pretender no tener problemas es un error grave, puesto que la vida en la Tierra la hemos organizado como una escuela para aprender: los problemas son como los exámenes que nos pone la maestra de esta escuela. También está diseñado para disfrutar, pero cuando nos resistimos a aprender, sufrimos.

Lo mejor que puedes hacer es ser buen alumno de esta escuela y disfrutar aprobando todos los exámenes.

El sistema de pensamiento dual y *egoico* cuenta con numerosos recursos potenciales para generarnos problemas graves en la vida, como, por ejemplo, memorias traumáticas del pasado, de culpa, de peligro, de miedo, dolorosas, así como programas transgeneracionales, de proyecto sentido, de dobles, eventos de otras vidas que pueden afectarnos negativamente en esta vida, yacientes verticales, yacientes horizontales, entes energéticos de bajo astral como, por ejemplo, extraánimas, desencarnados... Todos estos recursos están latentes y se despiertan o activan en diferentes momentos.

Muchas personas que llegan a mis acompañamientos se sienten extrañadas de que la vida les vaya mal, cuando todo les había ido bien hasta hacía poco. Por ejemplo, dos años atrás, se produjo un disgusto grande y, a partir de ahí, todo empezó a ir hacia abajo. Entonces, yo les explico que no pueden vivir bien si no se sabe hacer frente a las pruebas que te pone la vida, y la vida te pone pruebas en cualquier momento. Ese tipo de disgustos traumáticos permiten desencadenar los conflictos latentes.

Después de toda esta exposición, aparentemente el ego es algo muy pernicioso, es nuestro principal enemigo. Sin embargo, vamos a darle otro enfoque, vamos a ver cómo de perfecto lo hemos diseñado, cómo todo lo que hace es en nuestro beneficio.

La zona de confort es un hermoso lugar, pero nada crece allí.

Definamos zona de confort: «aparente estado de comodidad que te lleva a la muerte en vida», «justificación perfecta para no hacer, no crecer, no arriesgarse y no vivir».

La única forma de avanzar hacia una vida mejor es abandonar el lugar en el que estás ahora. Hay que esforzarse para escalar, nos cuesta mucho incomodarnos a nosotros mismos, por eso, hemos diseñado el ego, que es el gran especialista en provocarnos problemas muy incómodos.

El ego nos machaca con todo lo que puede, pero lo hace para facilitar que estemos en constante evolución.

Así que solo tenemos dos formas de andar por la vida: o bien aprendemos y avanzamos por nuestra cuenta o bien nos quedamos donde estamos, que ya vendrá el ego a sacarnos de allí, a veces, de malas formas.

El plan de entrenamiento mental que te propongo, que en una primera fase consiste en estudiar, visualizar y perdonar, te permite avanzar, salir de tu zona de confort. Al mismo tiempo, evita que el ego te genere grandes incomodidades, así que podríamos decir que este plan mental desactiva el ego, o que sana el ego y te proporciona una experiencia de vida más liviana.

El avance es inevitable, puesto que no hemos venido aquí para no hacer nada. Este plan mental te ayudará sin tener que recurrir a niveles altos de autoexigencia, sufrimiento y sacrificio, que no resuelven nada y son contraproducentes.

Ahora verás a tu ego como un aliado en vez de como un enemigo, y eso te permitirá andar mejor por la vida y disfrutar más de ella.

Palabras mágicas para recordar

Todos tus pensamientos y todas tus palabras son de tu terrenalidad vinculada al ego, puesto que tu ser solo siente.

4

Todo es mente

El libro del *Kybalión*, publicado en el año 1908 bajo el seudónimo de Los Tres Iniciados —aunque pudo haber sido escrito por William Walker Atkinson—, es un texto que presenta los principios fundamentales del hermetismo, una tradición filosófica esotérica que se basa en enseñanzas atribuidas a Hermes Trismegisto, una figura mitológica que combina características del dios griego Hermes y del egipcio Toth.

El *Kybalión* nos dice que «los principios de la verdad son siete; el que comprende esto perfectamente, posee la llave mágica ante la cual todas las puertas del Templo se abrirán de par en par».

Volvemos a poner el foco en «la verdad»: «los principios de la verdad son siete», nos dice el libro.

Quiero insistir en el tema de la verdad porque todos queremos tener una vida mejor, pero eso es imposible de construir desde la mentira, y que somos un cuerpo es mentira, y que la materia existe también es mentira.

El primer punto de estos siete principios herméticos es el del mentalismo, que nos dice: «el Todo es mente, el universo es mental [...] todo es mente [...] todo es una creación mental del Todo, en cuya mente vivimos, nos movemos y tenemos nuestro ser [...] este principio explica la verdadera naturaleza de la energía, de la fuerza y de la materia y cómo y por qué todas ellas están subordinadas al dominio de la mente [...] sin esta clave maestra resulta imposible acceder a la sabiduría».

Las primeras veces que accedí a esta información pensé que el mundo físico existía, aunque era consecuencia del mundo mental, del mundo interior o una proyección de nuestros pensamientos y emociones a diferentes niveles o planos creativos mentales, el de la mente individual o el de la mente unificada o colectiva, que comprende a todos.

Después de leer muchos textos relacionados con este

tema, he llegado a la conclusión de que no existe nada físico, estamos viviendo en un sueño soñado por nosotros mismos o por el Todo del que formamos parte.

Para vivir mejor, solo tenemos que aprender a soñar mejor, solo tenemos que adquirir el conocimiento de aquello que es cierto. Por tanto, nos interesa estudiar o desaprender todo lo que es falso para después cerrar los ojos durante unos momentos cada día y poder soñar o visualizar escenas de la vida que deseamos, o bien escenas alineadas con lo que realmente somos, como, por ejemplo, de riqueza y disfrute. Esto crea un mundo mental maravilloso que inevitablemente se proyectará en nuestra vida aparentemente física, hasta hacer de la Tierra un lugar fantástico donde vivir con más amor y libertad cada año.

Todo en el universo es producto de la mente y la realidad es moldeada por la emoción y el pensamiento.

Por lo tanto, la mente es la fuerza primordial detrás de toda existencia. Te interesa mucho entender tu mente, atender a tu mente, entrenar tu mente: la mente terrenal, la mente divina, la mente errada, la mente recta, la mente cósmica, la mente consciente, la mente inconsciente, la supramente... todo lo relacionado con la mente.

Solo hay una mente, pero las estudiaremos todas.

Cada pensamiento que tienes contribuye a la percepción y creación de tu realidad.

Aprende a pensar mejor y a soñar mejor para tener una vida mejor.

Palabras mágicas para recordar

La física cuántica dice que no hay suelo bajo nuestros pies, así que presta atención y actúa.

5

¿Mi mente está aquí para ayudarme o para atacarme?

Continuamente escuchamos hablar sobre nuestra mente en muchos sentidos. Pero ¿qué mente? A mí me gustaría que, de ahora en adelante, todo el mundo, cuando nos hable sobre ello, nos diga bien claro si se refiere a nuestra mente consciente o a nuestra mente inconsciente. A partir de ahí, tendremos mucha más claridad mental y la información será más útil para que podamos manejar mejor nuestra vida.

En mi caso, me costó entender cómo era posible que, mientras que mentalmente deseaba vivir bien, en apariencia, en mi vida real, muchas cosas fueran mal. Y, por supuesto, lo que no mejora, empeora... En mi noche oscura del alma, que transcurrió principalmente entre el año 2004 y el 2013, no entendía el motivo por el que, cada año, mi vida era peor que la del anterior. Hasta que toqué fondo dramáticamente y me vi sin dinero, sin salud, sin paz, sin autoestima, sin autoamor... Al borde de la muerte física, emocional y energética.

El término «mente» se menciona muchas veces de forma contradictoria, por lo que yo me preguntaba: si soy un ser divino, ¿por qué mi mente no me ayuda a tomar decisiones mucho más acertadas? ¿Por qué mi mente siente confusión y caos, y no es divina?

Esto lo tenemos que aclarar de una vez. Solo la mente consciente puede sufrir confusión y caos.

Tu mente consciente es personal y selectiva. Es capaz de enfocarse y de elegir, por ejemplo, ir a una cafetería y pedir un café. El camarero te pregunta si lo quieres solo, con leche, descafeinado... Tú le respondes que lo quieres con leche y, con ese acto tan sencillo, has tomado una decisión. Tu inconsciente y tu ego no son capaces de tomar decisiones, solo tu mente consciente es capaz de hacerlo.

El problema es que muchas veces toma decisiones erradas y tiene pensamientos errados.

El libro *Un curso de milagros* nos dice que lo único que tenemos que hacer cada día es elegir entre el Espíritu Santo y el ego. Curiosamente, al no ser conscientes de este superpoder para decidir y elegir, casi todo el tiempo optamos por nuestro ego.

William Shakespeare escribió: «Ser o no ser, he ahí la cuestión». También nos animó a movernos en el mundo del ser y no en el mundo del no ser o del ego.

Y Poncio Pilatos preguntó: «¿A quién queréis que libere, a Jesús o a Barrabás?». Y el pueblo respondió: «A Barrabás, a Barrabás».

Solo tu mente consciente puede salvarte de las penalidades absurdas de este mundo y convertirlo en un lugar divino. Simplemente, deja de elegir a Barrabás. Cada día y en todo momento, debes elegir al Ser.

En tu mente consciente está todo lo bueno que deseas. Está tu deseo de una vida mejor en todos los sentidos. Está tu deseo de amor, de dinero, de riqueza, de salud, de disfrute, de viajes bonitos. Curiosamente, te extraña que tu vida no vaya bien, con la buena persona que tú eres y pese al deseo tan grande que tienes de ayudar a todo el mundo.

León Tolstói afirmó: «Todos quieren cambiar el mundo, pero nadie piensa en cambiarse a sí mismo».

Estamos viviendo una maravillosa revolución que es, principalmente, personal e interior. Seamos, en primer lugar, el cambio que queremos ver en el mundo, tal y como dijo Gandhi.

¿Y por qué crees que tu vida no va bien? Estas pueden ser algunas causas:

1. Tu mente inconsciente gestiona tu realidad física, de acuerdo con la información que allí hay grabada; muchas veces, son programas negativos heredados de nuestro árbol familiar.

2. No entiendes el juego y la relación que tienen tu mente inconsciente y tu mente consciente.

3. No comprendes que, con tu consciente, estás grabando información errónea en tu inconsciente.

4. Desconoces que la única verdad es que tu inconsciente nunca ha tenido un pensamiento equivocado, mientras que tu consciente sí los ha tenido, muchos, continuamente.

5. No entiendes los diferentes papeles y lenguajes que manejan estas dos mentes, y no eres capaz de operar correctamente con ninguna de ellas.

6. No sabes que la intención con la que haces las cosas es lo que marca la diferencia.

7. Debes enfocarte en lo que te interesa, pero no lo haces.

Tu mente consciente tiene la capacidad de cambiar tu vida, pero ocupa una parte mucho más pequeña que tu mente inconsciente. Tu mente consciente solo influye, en tu día, entre el 1 y el 5 por ciento de aquello que te ocurre. Sin embargo, y para colmo, estás haciendo un mal uso de ella el 99 por ciento del tiempo.

La estamos usando mal porque elegimos no aprender. Continuamente, generamos una programación negativa, preocupaciones y disgustos. No hemos decidido lo que deseamos y lo que amamos, y ni mucho menos, nos estamos enfocando en ello. Tampoco estamos eligiendo y decidiendo a favor de lo que nos interesa.

Nuestra mente consciente funciona a 40 bytes por segundo y, la inconsciente, a 40 millones de bytes por segundo. Como consecuencia, con nuestra mente consciente podemos afectar positivamente a nuestra mente inconsciente para que cambie la información. Así, producimos una experiencia de vida mejor.

Normalmente, estos cambios se producen de forma progresiva. Muy pocas veces ocurren de forma inmediata, debido a lo pequeña que es la mente consciente en relación con la inconsciente, que es gigante y tiene un poder inconmensurable.

Esto sucede también cuando, desde nuestra mente consciente, estamos afectando negativamente a la inconsciente. Por lo tanto, para empeorar nuestra vida, basta con que mantengamos esa mala vibración de forma continuada y persistente a lo largo del tiempo, lo cual termina produciéndonos enfermedades y bloqueos de todo tipo.

La mente inconsciente es muy poderosa. Es capaz de mover montañas físicamente. Sin embargo, no atiende a las órdenes hasta que no seamos capaces de elevar nuestra vibración y adquirir esa habilidad, así que, hasta entonces, no podemos pedirle nada de forma directa. Sin embargo, a un nivel muy básico, puede dejarse impactar o reprogramar por aquello que pensamos y sentimos de forma emocionada y convencida. Una parte de la mente inconsciente es fácilmente sugestionable.

La mente inconsciente no es capaz de pensar ni de decidir. No tiene capacidad creativa como para estropearnos la vida, no se puede levantar una mañana con la voluntad de amargarnos el día. Cuando lo hace, es porque previamente hemos sembrado esos pensamientos negativos en ella. Nuestra mente inconsciente es impersonal y no selectiva, es como un pequeño jardín que crece en la puerta de casa o una maceta con tierra que tenemos en una ventana. Si plantamos allí naranjas, crecerán naranjas, siempre que sepamos cuidarlas. Y, si plantamos geranios y seguimos las indicaciones correctas, crecerán geranios.

Las leyes de los geranios establecen que tienes que saber en qué momento del año se plantan, cuánta cantidad de agua necesitan, qué tipo de tierra hace falta, cómo hay que cuidarlos y protegerlos, etc. Si no sabes nada de geranios, es muy difícil que crezcan bien.

El principal problema que tenemos es que no sabemos que tenemos un jardín mental. A menudo, también ocurre que plantamos melones, pero queremos cosechar tomates. Otras veces, no plantamos nada ni cuidamos nuestro jardín mental. Y nos extrañamos de que sea totalmente estéril o, incluso, de que esté lleno de matojos y cardos que nos hacen la vida muy espinosa.

Neville Goddard, en la década de los años cincuenta, escribió: «El consciente genera ideas e imprime estas ideas en el inconsciente. El inconsciente recibe estas ideas y les da forma y expresión».

Por lo tanto, el inconsciente no origina ideas, simplemente, graba todo lo que imaginamos, elegimos y sentimos con nuestra mente consciente. También, en nuestra mente inconsciente, se hallan grabadas todas las cosas positivas y negativas de nuestro árbol familiar: todo aquello que nuestros antepasados pensaron erróneamente o que no supieron o pudieron resolver ahora puede aparecer en tu vida. Carl Gustav Jung afirmó que nuestro inconsciente está conectado al inconsciente de todas las personas del mundo a través del inconsciente colectivo. En estos momentos, tu inconsciente sabe lo que están pensando los ocho mil millones de personas que habitan la Tierra. También sabe lo que pensaron el año pasado, el anterior, hace cien años y hace mil. Tu inconsciente guarda muchísima más información de la que tú te imaginas. Es capaz de proporcionarte una buena o mala vida, acorde a sus programas y a la cantidad de información de que dispone.

El inconsciente está conectado con todo y con todos. De este modo, cuando observas un árbol, tu mente inconsciente sabe cuántas hojas tiene ese árbol y cuántas hojas tienen todos los árboles del mundo, entre otras muchas cosas.

Usa bien tu mente consciente, pues mejorará tu conexión y la reprogramación de tu inconsciente. En el medio y largo plazo, tu vida mejorará. Casi nunca lo hará de forma inmediata: con impaciencia, bloqueas el proceso creativo y no sirve para nada. Pero, con paciencia infinita, calma, paz, serenidad y conocimiento, llegarás mucho más lejos y mucho más rápidamente.

¿Por qué está organizado así? ¿Por qué nuestro inconsciente tiene tantas cosas negativas grabadas? ¿Por qué, además, nos cuesta tanto entender cómo funciona y cómo arreglarlo?

No pienses que es injusto, no pienses que está mal organizado: o entiendes y sigues las leyes o sufrirás.

Para poder entender y dar respuesta a estas preguntas, imagina que eres la fuente que todo lo crea, imagina que te dispones a crear un juego nuevo que se llama Tierra. ¿Cómo lo harías? Seguramente, llegarías a las mismas conclusiones a las que ha llegado la fuente. Así, la experiencia en la Tierra no puede ser perfecta porque, si no, verías tu divinidad y te perderías el disfrute de, por ejemplo, una celebración con una buena comida preparada con tu maravillosa familia.

Por lo tanto, las reglas de esta experiencia terrenal, de este gigantesco parque mental temático de juegos son dos.

La primera es que no puedes ser capaz de ver tu divinidad porque, si no, también serías capaz de ver que todo esto es el escenario de un teatro, desvelarías el juego tridimensional y se acabaría tu disfrute de este plano, en este plano.

En segundo lugar, debes tener aparente libertad para pensar bien, que producirá, como consecuencia, que vivas muy bien, pero también tienes que tener aparente libertad para pensar mal, que producirá como consecuencia que vivas muy mal.

En realidad, todo esto da igual porque no somos personas viviendo una experiencia física mejor o peor, simplemente, somos seres divinos que no necesitan nada, que no tienen que hacer nada, porque ya somos TODO, recuerda que el nombre de este juego es DISFRUTAR.

Al final de este juego, por supuesto, serás capaz de ver tu divinidad. Pero, para llegar al final, deberás entender que todos son procesos de aprendizaje, procesos de experiencias, procesos para avanzar cada año más y mejorar en conceptos como amor y riqueza.

Cuando seas capaz de ver el juego, seguramente, desearás que se alargue en el tiempo y querrás que dure más, puesto que tu divinidad es perfecta. Pero, en función de cuál sea tu enfoque, puede ser una perfección aburrida, donde siempre pasa lo mismo, mientras que tu terrenalidad puede llegar a ser libre y felizmente divertida.

¿Cómo diseñarías este juego? Piénsalo.

Palabras mágicas para recordar

Tu diálogo interno te afecta, pero tú puedes cambiarlo.

6

El sistema de activación reticular mental

Existe mucha información científica muy compleja en relación con esta parte de nuestro cerebro. Sin embargo, a mí me gusta explicarlo de una forma mucho más amena. Considero que tiene la suficiente importancia como para dedicarle un pequeño espacio en este libro.

Imagínate que estás en una habitación grande, donde hay de todo por todas partes. Las luces están apagadas y, por el suelo, hay maleza, barro y desperdicios. Pero también hay piedras preciosas, oro y otras cosas muy valiosas. Ahora piensa que esta vida no merece la pena, que es muy difícil andar el camino porque está lleno de obstáculos.

Aquí entra en juego el sistema de activación reticular

mental. Podríamos definirlo como una especie de pequeña linterna sujeta a nuestra cabeza. Acorde a los pensamientos que acabas de tener, empieza a buscar aquello que
has elegido, aquello en lo que te has enfocado. En este
caso, basura y barreras en el camino: esto será lo que te
encontrarás por todas partes.

Aunque en esta habitación hay de todo, esta pequeña
linterna buscará y te iluminará todas las cosas en las que te
enfoques y la vida se mostrará así para ti.

Pero ahora, imagina que piensas que la vida es maravillosa, que está llena de cosas preciosas. Para ti todo son
oportunidades, hay mucho dinero por todas partes y deseas que este llegue a aquellas personas que realmente
muestran una utilidad al mundo.

En esta ocasión, la pequeña linterna que tienes en la
cabeza iluminará la habitación oscura en la que te hallas y
podrás ver todo lo valioso que hay en ella, como piedras
preciosas, dinero, oro y oportunidades.

Por eso, cuando una mujer está embarazada, ve continuamente por la calle a otras embarazadas. Esto es lo que
habita en su mente, esto es en lo que está pensando y esto
es lo que está eligiendo.

Si tú piensas que tu ciudad es fea, sucia y está en crisis, cuando camines por ella, verás cosas feas, negocios que han cerrado y mucha suciedad. Recuerda que siempre estás proyectando en tu exterior aquello que habita en tu interior.

Esto hace que los eventos de la vida, que aparentemente son neutrales, los interpretemos como buenos o malos según nuestras heridas internas, según nuestros traumas emocionales; también los buscamos y los atraemos.

Como dice Alejandro Jodorowsky, «estamos irresistiblemente atraídos por las personas, situaciones y cosas que nos traerán los problemas necesarios para nuestra propia evolución».

Ahora bien, si piensas que tu ciudad es preciosa, limpia y está llena de oportunidades para todo tipo de negocios, cuando salgas a la calle, verás flores en todos los balcones y comercios funcionando prósperamente.

Como conclusión, podemos afirmar que, gracias a tu mente consciente, tienes la capacidad de enfocarte y de elegir lo que deseas. No desaproveches este don, este superpoder.

Decide qué es lo que amas y, a partir de ahí, enfócate en lo que desees. Habla de lo que amas y piensa en ello.

Frases mágicas para recordar

No verás aquello que no estás preparado para ver y te perderás riquezas y oportunidades.

7

¿Tengo que ser racional o emocional?

Todo lo que nos viene bien es ilógico, es un contrasentido, va en contra de la intuición o es paradigmático.

Porque nuestra sociedad actual y la educación que hemos recibido es inconsciente, lo que genera que nuestra mente esté organizada al revés.

¿Acaso lo racional va en contra de lo emocional y lo emocional va en contra de lo racional?

Tenemos pensamientos y nos creemos que son verdaderos; además, nos identificamos con ellos. Sin embargo, todos nuestros pensamientos y palabras que podamos pronunciar pertenecen al mundo terrenal, pertenecen al sistema de pensamiento dual y *egoico*. Por otro lado, nuestro ser, nuestra esencia divina solo siente, no piensa ni habla.

Cada vez que llevamos a cabo una evolución espiritual, pensamos menos y sentimos más.

Esto no quiere decir que tengamos que dejar de pensar y de hablar, muy al contrario. Uno de los grandes libros de Napoleon Hill, *Piense y hágase rico*, nos dice cómo debemos pensar para hacernos ricos. Debido a que un pensamiento es el PRIMER PASO para después poder avanzar y manifestar, el segundo paso es SENTIR, SOLO SENTIR, por lo tanto, habrá que pasar este pensamiento al mundo de las emociones, al mundo de las imágenes mentales de disfrute.

El gran problema es que casi todas las personas se quedan en este plano de los pensamientos, vinculado con el tiempo, el espacio y la materia; como consecuencia, vinculado con la escasez, el sufrimiento, la culpa y el miedo.

En este plano en el que estamos en estos momentos, podemos tener emociones elevadas de forma directa a través de un entrenamiento espiritual importante, pero, en general, partiremos de un pensamiento y lo elevaremos.

En nuestra experiencia aquí, en la Tierra, debemos

usar la herramienta de la palabra y el pensamiento, que no son naturales a nuestra esencia energética y creadora. Cada palabra es capaz de distorsionar un pensamiento y de estropear la comunicación al mismo tiempo, pero podemos hacerlo de una forma amorosa y divina.

Cada palabra puede significar cosas distintas para cada persona.

En una fase avanzada, seremos capaces de elegir y tener los pensamientos que nos vengan bien y seremos compasivos con los pensamientos perjudiciales, porque estos nos llegan continuamente, de forma habitual a todos.

Podemos pensar que la mente racional, la mente lógica, llena de pensamientos, muchas veces equivocados y negativos, es una mente terrenal muy limitada que nos impide acceder a niveles más elevados de consciencia, de riqueza, de amor, de experiencias divinas.

Lo racional también está asociado con la ciencia, con lo que se puede medir y entender. Sin embargo, nosotros solo somos energía infinita de amor.

En cuanto al mundo emocional, también podemos encontrar un poco de caos, puesto que el amor terrenal es una emoción y, al mismo tiempo, es una forma de ser, es una actitud de vida. Nos encontramos con expresiones como, por ejemplo, «no puedo controlar mis emociones», «mi torrente emocional me arrastra», «soy una persona altamente sensible», «todo me afecta», «estoy hundido».

¿Cómo es posible? ¡Si solo somos seres emocionales! ¡Solo somos energía, no somos un cuerpo físico, no somos materia ni esta experiencia desastrosa que tantas veces vivimos!

A veces, sentimos culpabilidad, desánimo, inseguridad, falta de autoestima, desconsuelo, rabia e impotencia, pero esto no es lo que nosotros somos realmente. Lo podemos sentir, pero solo es para aprender algo, únicamente porque nos resistimos a soltar algo o a aprender que solo somos amor y riqueza.

Otras veces, podemos pensar que todo nos va mal, que ya hemos intentado cualquier cosa y nuestra vida no mejora. Podemos pensar que nadie nos quiere, que estamos solos, que todo va a ir a peor.

Todos los pensamientos que tenemos son falsos, pero podemos, desde la racionalidad, crear pensamientos elevados que nos lleven más fácilmente hacia la verdad.

Todas las emociones que no son divinas son falsas,

puesto que lo único que somos es amor, compasión, conocimiento y, después, sabiduría, plenitud, riqueza, libertad, autenticidad, inocencia, pureza, disfrute, serenidad.

En conclusión, debemos ser, solo y exclusivamente, divinamente racionales y emocionales. Recordemos que, en este plano, casi siempre partimos de un pensamiento, mucho más terrenal de lo que nos gustaría, así que los únicos pensamientos que nos interesa tener son del siguiente tipo:

Gracias, Dios Padre, porque soy tu hijo amado y me has hecho a tu imagen y semejanza; por lo tanto, estoy preparado para vivir una vida de divina y amorosa opulencia y riqueza consciente, porque me lo merezco todo.

Gracias, Padre, porque me has creado perfecto Amor.

Gracias, Dios Padre, porque estás a mi lado en todo momento y me llevas de la mano en cada decisión que se plantea a lo largo de mi día, haciéndome elegir la mejor opción de las posibles. Por lo tanto, cada año, cada mes, cada día estoy viviendo mejor y mejor.

Gracias, Dios Padre, porque, con tu ayuda, tu asistencia y tu guía, cada año y en todos los sentidos estoy mejor, mejor y mejor.

Gracias, Dios Padre, por haberme ayudado a entender que la paz es mi principal tesoro y es un requisito previo para todo, puesto que, sin paz, es imposible ir a ninguna parte divina.

Gracias, Padre, por haberme enseñado que cada vez que pierdo la paz por el motivo que sea, lo primero que tengo que hacer es perdonarme por haberla perdido y pedirle ayuda y entregársela al Espíritu Santo.

Tenemos que ser muy racionales de la verdad y agradecer continuamente que ya hayamos recibido el conocimiento necesario para saber que a, través de las repeticiones continuas y diarias, estaremos mejor preparados para encauzar nuestra mente inconsciente y terrenal y hacer el cielo en la Tierra cada vez más.

Gracias, Dios Padre, porque cada día me animas y me ayudas a leer para adquirir más conocimiento y sabiduría, me ayudas a hacer ejercicio físico y a seguir una alimentación sana para poner amor en mi cuerpo, que es el templo del alma en la Tierra.

Gracias, Dios Padre, porque, a través de ti, sé que esto es un sueño que puedo convertir en un sueño divino.

Gracias, Dios Padre, porque me has hecho entender que es inútil que pida nada, que quiera algo o que desee cualquier cosa porque, como soy tu hijo, ya lo tengo todo concedido. De todas formas, como esto es un sueño, gracias por haberme enseñado que puedo soñar con lo que quiera, que para eso soy tu hijo. Así viviré mejor en la Tierra, en este sueño, hasta que por fin aprenda, viva y disfrute todo lo que tenga que aprender, vivir y disfrutar.

Gracias, Dios Padre, porque me has facilitado la figura del Espíritu Santo para que yo pueda acceder mejor a la parte recta de mí desde esta experiencia terrenal que, en muchas ocasiones, carece de sentido.

Gracias, Dios Padre, por haberme hecho entender que el perdón y el agradecimiento son las principales herramientas para salir de estas trampas tontas del tiempo, el espacio y la materia, entre otras muchas cosas.

Por lo tanto, lo más importante es que aprendamos a perdonar, a soñar, a visualizar. Lógicamente, estudiando un poco cada día.

¡Vaya por Dios! ¡Otra vez os he vuelto a decir que hay que perdonar, visualizar y estudiar; por lo que parece, soy incorregible.

Como veis, aquí no hay más que palabras, pero son palabras divinas.

¿Podemos querer y desear tener un coche? Sí, en primer lugar, nos documentamos a fondo sobre el coche exacto (marca, modelo, color) que más nos emociona y, luego, abandonamos el deseo, la palabra y el pensamiento: simplemente, visualizamos y soñamos ese coche con disfrute interior, sin expectativas. Y, quien dice coche, dice casa, viaje, pareja, celebración familiar, playa, etcétera.

Hace años, las noticias se hicieron eco de que había muchos incendios en el Amazonas y, en los grupos conscientes de los que yo formo parte, se nos animaba a que visualizáramos que llovía en aquel lugar. Por supuesto, también te animo a que seas generoso, amoroso y divino con esta gran herramienta mental que tienes, que es usar tu imaginación para ver un mundo mágico.

Solo tienes que visualizar que llueve allí donde tú sientas que se necesita esa agua, así de fácil es la vida.

Todo esto se parece mucho a las afirmaciones positivas

de las que tanto se habla en todas partes; afirmaciones positivas para la salud, para el amor, para el dinero, para la autoestima. Creo firmemente en que todo esto funciona, lo mismo que los actos mágicos y simbólicos también funcionan, porque nuestra mente terrenal es emocional, biológica y simbólica.

Quiero señalar varias consideraciones relacionadas con todo esto:

1. Para mí, es mucho más interesante repetir «gracias, Dios Padre, porque me has creado perfecto» que las típicas afirmaciones de «soy valioso y merezco amar y ser amado».

2. A medida que leemos y estudiamos más cosas, entendemos cómo el conocimiento nos permite hacer mejor la práctica de la repetición, por ejemplo, con frases divinas en vez de las clásicas afirmaciones. Asimismo, al mejorar nuestro conocimiento, podemos poner más intención en lo que hacemos para que todo funcione mejor. Recuerda que nuestra mente necesita enfoque y serenidad, pero también conocimiento e intención, pues sin el conocimien-

to adecuado, no podemos poner la intención adecuada.

3. La expresión «orad sin cesar» proviene de la Biblia, específicamente, de una carta del apóstol Pablo a los tesalonicenses. La cita exacta se encuentra en Tesalonicenses 5:17. Esta breve pero poderosa instrucción anima a mantener una conexión constante con Dios a través de la oración, buscando una relación continua y permanente con la divinidad en todos los aspectos de nuestras vidas.

Visualizar es una forma de oración; leer y estudiar libros de crecimiento y desarrollo personal y espiritual es otra forma de oración. Por supuesto, repetir estas frases que os acabo de mencionar, así como las frases del nuevo perdón que te detallaré más adelante, también son una forma de oración.

Palabras mágicas para recordar

Pensar está bien, pero evita pensar demasiado.

8

¿Seguro que conoces la ley de causa y efecto?

Piénsalo: si de verdad conocieras la ley de causa y efecto, entonces, no tendrías ningún conflicto externo.

Los conflictos externos entendidos como hechos objetivos son totalmente imposibles, puesto que los conflictos que vemos en nuestro exterior solo son un reflejo de lo que tenemos que resolver en nuestro interior.

No es posible que existan conflictos, solo existen aprendizajes.

Tenemos que resolver cuestiones en nuestro interior simplemente como parte de este juego de crecer y avanzar. De hecho, cuando no tengamos ningún conflicto interno, el juego habrá acabado.

Sin embargo, a lo largo de los últimos años, he tenido conversaciones conscientes con muchas personas que habían acudido a mí porque su vida no iba bien y querían darle un giro de timón. A pesar de que sabían muchas cosas, no lo estaban consiguiendo hacer. Aquí tenemos que aclarar algunas cuestiones que nuestra mente terrenal se empeña constantemente en enturbiar.

La ley de causa y efecto es una de las cuestiones fundamentales. Aparentemente, todo esto es muy sencillo: toda causa genera un efecto y todo efecto tiene una causa. Yo también lo llamo la ley de la siembra y la cosecha, y también la ley del orden, porque todo esto tiene un orden: primero, se siembra, y luego se cosecha; primero es la causa y luego es el efecto.

Me encuentro a mucha gente que, aparentemente, conoce esta ley, pero la aplican mal; en realidad, no la conocen adecuadamente. Por ejemplo, una persona se siente mal y cree que la causa está en todo lo que le ocurre: sufre algunas enfermedades, tiene problemas económicos, siente que su familia no la quiere... por lo tanto, se siente mal.

Con toda la lógica del mundo, afirma que tiene muchos motivos para sentirse así y, además, establece que todo está en su exterior y que no tiene capacidad de cambiarlo. Por lo que podemos ver, si su familia no la quiere, no podemos hacer nada para cambiar eso. No podemos hacer que su familia la quiera. Si tiene problemas económicos, pues tiene problemas económicos, y su cuenta de banco no va a mejorar tan fácilmente, puesto que esta persona ya está haciendo todo lo que puede para que sus finanzas mejoren y no lo está logrando.

Y, si padece varias enfermedades, no es descabellado pensar, en estos momentos, que no se le van a curar y que todo conforma un escenario en el que parece lógico sentirse mal y, además, por cosas que son externas a nosotros y sobre las que no podemos influir ni accionar.

«Sentirse bien» es el nombre del juego. Hay dos cuestiones importantes que podemos sacar de aquí: esto es un juego y este es su nombre. Entrenarse para sentirse bien constantemente o, al menos, la mayor cantidad de tiempo posible, es una de las implicaciones lógicas cuando entendemos de qué va todo esto. La segunda es que aquí hay un juego con unas reglas y tenemos que comprenderlas. La ley de causa y efecto es una de las más importantes de estas reglas terrenales.

Por último, tenemos que sentirnos bien. Muchas personas piensan: ¿cómo voy a sentirme bien si me estoy sintiendo mal? Además, tengo muchos motivos para sentirme así. Y, como estoy en un momento muy malo, ¿cómo voy a pensar que todo esto es un juego y que me viene bien sentirme mejor?

Volvamos a las leyes de tráfico. Tú quieres que las leyes de tráfico sean las que a ti te den la gana, las que tú crees que son lógicas, las que deberían ser según tu opinión. Sin embargo, aquí tienes que entender que esto es un juego diseñado por nosotros mismos en otro plano. Solo tenemos que entenderlo y pasárnoslo bien.

Si no sigues las leyes de tráfico, chocarás con todo y con todos.

Retornamos a la idea de la siembra y la cosecha. Cada día estás sembrando y cosechando. Y, cada vez que te sientes mal, estás sembrando mal. Estás sembrando semillas que te van a producir una cosecha que no te va a gustar nada. Curiosamente, esto te va a hacer sentir mal de nuevo, vas a volver a sembrar cosas que no te interesan y vas a cosechar de nuevo aquello que no te interesa. Así sucesivamente, hasta que te des cuenta de que lo único que tienes que hacer hoy es sembrar bien hoy para poder romper ese ciclo negativo, ese bucle cerrado y aparentemente blindado en contra de tus intereses de felicidad y plenitud.

Las personas no entienden que lo que ven en su mundo exterior lo han sembrado energéticamente en momentos anteriores. E, inexplicablemente, se extrañan de la mala cosecha que reciben y exclaman cosas como: «¿Por qué me va la vida tan mal con lo buena persona que yo soy?».

Ser buena persona, pero de forma inconsciente, no te sirve para nada. Es lo que yo llamo el «buenismo inconsciente». Lo único que te va a servir es ser buena persona de forma consciente. O, dicho de otra manera: ser buena persona desde el conocimiento de las leyes que rigen la Tierra, que, en muchas ocasiones, te estás negando a aplicar correctamente y te estás negando a entender de forma correcta, siguiendo un estúpido juego organizado por tu ego para que, a través de esas experiencias desagradables, aprendas algo concreto que tú has diseñado previamente.

Recuerda que el ego es una creación nuestra, por lo tanto, podemos llamarlo autoego. Y las trampas que nos pone son autotrampas, entre otras muchas cosas. Nuestro autoego nos va a proporcionar situaciones incómodas, durante toda nuestra vida, para ayudarnos a avanzar y evolucionar. Así que es una autoherramienta muy eficaz y con utilidades muy concretas y buenas.

El ego lo hemos diseñado para ponernos en situaciones horrorosas y hacernos sufrir hasta que toquemos fondo. Si no fuera así, nunca sentiríamos deseo de movernos de nuestra zona cómoda, ni aunque nuestra situación fuera muy incómoda.

Sin embargo, en nuestra fase de vida inconsciente, el ego va a ser, en muchas ocasiones, terriblemente implacable a la hora de darnos muy mala vida, y cada vez será peor, hasta que entendamos que nuestra primera tarea es entender su funcionamiento, hasta que entendamos su propósito y las leyes básicas, finalmente, para poder hacer lo que tenemos que hacer cuando lo tengamos que hacer, como, por ejemplo, entrenarnos mentalmente para sentirnos bien, independientemente de lo que esté ocurriendo en nuestro exterior.

La siguiente pregunta que a menudo me planteo es: ¿cómo puedo sentirme bien si, en este momento, me siento fatal? Bueno, esto es algo que podemos mejorar a través del conocimiento que nos brindan los libros en general. Y, más específicamente, los de crecimiento y desarrollo personal y espiritual.

Es crucial comprender que todo lo que estás experimentando en tu entorno actual, lo que te perturba y preocupa, lo que te hace sentir mal no es la causa de tu malestar. Más bien, todo lo que ves en tu mundo exterior es el efecto de lo que sembraste hace un día, una semana, un mes, un año, cien años, mil años. A menudo, la gente cree que, en un momento de su vida, siembra y, en otro, cosecha. Pero, en realidad, estamos sembrando y, cosechando al mismo tiempo en cada instante.

Por lo tanto, la causa radica en lo que pensaste, sentiste, dijiste e hiciste en diferentes momentos anteriores en el tiempo al momento actual. En resumen, la causa de todo lo que estás viendo y no te gusta en tu vida en este momento es de naturaleza mental y reside en tu interior. Ten esto muy presente: todo lo que percibes en tu entorno es el efecto y todas las causas son mentales y se encuentran en tu interior.

Tu inconsciente está registrando cada palabra que dices, cada pensamiento que tienes y cada emoción que experimentas. Luego, te brinda una realidad que se alinea con lo que ha registrado. Si te sientes mal en este instante, estás incrementando la probabilidad estadística de tener un día malo mañana. Puedes mejorar tu vida de forma gradual al romper estos círculos viciosos.

Esos momentos de sentirte mal, combinados con la inconsciencia y la falta de conocimiento sobre este juego aparentemente absurdo, te llevarán a una vida cada vez peor y que solo se resuelve con consciencia, conocimiento y amor.

Nada sucede por casualidad. Por lo tanto, si hoy estás teniendo una mala experiencia de vida, tienes que entender que es por algo y para algo. Tienes que comprender que es para que aprendas algo concreto y puedas dar un giro de timón.

Necesitas adquirir una perspectiva consciente sobre el juego que están llevando a cabo tu mente consciente, tu mente inconsciente, tu cuerpo y tu ego. A partir de ahí, podemos comprender que vivir bien es fácil si sabes cómo. Vamos a seguir dando pasos.

O estás alineado con la verdad de tu ser o estás perdido.

Si no tienes conocimiento en alguna materia importante de la vida, si no sabes lo que hay que saber en relación con algo, entonces, estás descuidado gravemente en relación con estos temas específicos y esenciales para tu felicidad.

Ahora imagina que lo único que necesitas saber en esta vida para vivir bien son cuestiones relacionadas con la metafísica, el crecimiento personal, la física cuántica, la espiritualidad, el bienestar emocional, cómo funciona la energía en la Tierra y en tu cuerpo. Pues bien, si no sabes mucho acerca de todo esto, tus tropiezos y accidentes están asegurados.

Entiende que esto es lo único importante. Actívate, ponte en marcha con decisión. También te tengo que decir que aprender de estas cosas es un camino para siempre. Cuanto más aprendas, más podrás aprender. El conocimiento te da riqueza, salud y amor; el conocimiento te da poder, el conocimiento de las cosas esenciales de la vida es indispensable.

Nada externo a ti tiene la culpa de nada.

Nada externo existe más que como una proyección tuya para aprender y disfrutar. Cuando esto no ocurre es porque te estás resistiendo a aprender algo, te estás resistiendo a avanzar y progresar, algo que es inherente a tu naturaleza divina; te estás agarrando a tu paradigma actual y a tu zona de confort, por muy horrorosa que sea. Esto se arregla adquiriendo más conocimiento.

No existe la culpa ni los culpables, no existe el pecado ni los pecadores, no existen los problemas, todo son aprendizajes y esto es un teatro, un sueño, una ilusión con apariencia muy real para poder disfrutarlo intensamente si pones amor en todo, que es lo único que puedes hacer; así, conseguirás avanzar.

Anthony de Mello decía que «el amor no es una emoción, es un estado de ser».

Lo que estamos tratando en este libro podría denominarse «formas terrenales de poner amor», puesto que, en esencia, solo somos amor.

Cuando te cepillas los dientes, estás poniendo amor en una tontería terrenal como es la salud de tu boca y de tu cuerpo. Y, cuando estás leyendo este libro, estás poniendo amor, orden y claridad en tu caos mental.

Cuando le das un beso con amor a la persona amada, estás poniendo emociones amorosas en esta vida terrenal;

cuando vas al gimnasio a hacer deporte, también pones amor en tu cuerpo terrenal, que es lo que te va a permitir tener una experiencia terrenal mejor y de mayor disfrute, además de que tu cuerpo es el templo del alma.

Cada vez que pones amor en toda esta experiencia aparentemente real, estás poniendo amor en tu ser y estás desarrollando y practicando el amor que ya eres.

Todo en tu exterior es efecto y la causa la hemos sembrado con nuestro inconsciente personal o familiar en cualquier momento del pasado.

Tu felicidad y plenitud están en juego. Por ello, debes incorporar a tu vida el estudio continuo en estas tres áreas:

1. Crecimiento y desarrollo personal y espiritual.
2. Cuestiones específicas de tu profesión.
3. Ejercicio físico, sexualidad sagrada y alimentación sana y consciente.

Nuestra naturaleza divina es la expansión, el crecimiento y el avance. No podemos ir contra esta ley; si lo hacemos, el ego se encargará de nosotros con sus peores artes.

El ego es una creación nuestra y lo hemos diseñado así para ayudarnos a enfocarnos en lo esencial, que es despertar y volver a casa.

La sutil técnica que hemos diseñado para no ser claramente conscientes de la ley de causa y efecto consiste en que hay una cantidad de tiempo indeterminado entre cada causa y cada efecto.

A veces, el efecto se produce instantáneamente y, otras veces, transcurren meses o años, por lo que nos puede resultar muy difícil identificar la causa. Nos resulta muy difícil entender que yo mismo tuve ese pensamiento desastroso en el pasado a través del cual ahora he tenido un accidente grave.

Esto sucede para lo bueno y para lo malo. Nos enfocamos más en lo malo porque es lo que queremos entender y evitar.

Una manifestación consciente positiva consiste en el mantenimiento de un pensamiento positivo, de la forma energética correcta y de forma permanente en el tiempo. Los pensamientos malos, gestionados con emoción y de forma constante en el tiempo, generan, sin más remedio, manifestaciones inconscientes negativas.

Nos creemos que nuestros pensamientos no tendrán consecuencias, pero lo cierto es que cada pensamiento produce un efecto. También podemos afirmar que cada pensamiento genera una emoción que, repetida en el tiempo, conformará una creencia, y un conjunto de muchas creencias conforma nuestro paradigma, nuestra personalidad, nuestra impronta y la vida que llevamos es el efecto. Para cambiar nuestra vida, tenemos que romper con lo que ahora somos.

Así que cada pensamiento cuenta.

Ahora somos capaces de ver nuestra vida en este instante, pero difícilmente veremos cuándo hemos creado las causas de estos efectos.

Imagina que, en este momento, piensas algo de un hijo de Dios que Dios jamás hubiera pensado, por ejemplo, «mi vecino no es cuidadoso con su ropa, me desagrada que su camisa parezca que nunca está planchada y su coche casi siempre esté sucio», en vez de pensar aquello que es lo único que nos viene bien pensar, que es «mi vecino es un hijo de Dios como yo, solo que en un estado conciencial distinto». Todo son experiencias y aprendizajes en este teatro de la vida, por lo tanto, si me molesta lo que veo en mi vecino, en realidad, estoy molesto con algo mío, algo que yo siento que está sucio en mi interior y parece ser que lo estoy descuidando.

En general, solo podemos y debemos poner amor en nuestro hermano o en nuestro vecino y, si algo nos molesta de él, debemos mostrarnos agradecidos con la vida porque nos mostró algo que había que resolver en nuestro interior.

Recuerda que, si fuéramos capaces de ver de forma instantánea el efecto de cada causa que sembramos cada día, seríamos mucho más cuidadosos con cada cosa que pensamos, sentimos, decimos o hacemos. Es el factor tiempo, que transcurre entre cada causa y cada efecto, lo que nos despista.

En este libro, estás aprendiendo a causalizar tu vida en positivo entendiendo todo mejor y teniendo más claridad mental.

Palabras mágicas para recordar

Arréglate y vístete cada día para el éxito, no para el fracaso.

9

La ley de la atracción es fácil de entender. ¿De veras?

Algunas dudas que suelen plantearse en nuestra mente son:

- Si es tan fácil el entrenamiento mental para vivir bien, ¿por qué no le va mejor a todo el mundo? Le va mejor al que le va mejor, así que enfócate en ti mismo.

- ¿Estoy pidiendo desde el corazón, desde el amor? Casi siempre deseamos desde el ego, desde nuestro pequeño yo; entrégate al camino y cada año te saldrá un poco mejor.

- Las dudas producen resultados dudosos, las dudas

son bloqueos a la manifestación. ¿Cómo puedo hacer para no tener dudas? Estudiar cambiará tus dudas por certezas.

- ¿Por qué no consigo mejorar mi vida? La ley de la atracción es un camino de vida; no consiste en aprender cuatro pautas y detener tu camino.

Ya hemos oído hablar, en numerosas ocasiones, sobre la ley de la atracción y es posible que sea una idea que tengamos desgastada de tanto usarla. Sin embargo, tenemos que profundizar y aclarar todo lo que rodea esta cuestión; de lo contrario, no conseguiremos avanzar.

Existe mucha información que nos insiste en que la ley de la asunción es mucho mejor que la ley de la atracción, o bien defiende que la ley de la atracción no funciona sin acción, sin emoción, sin espiritualidad. Yo considero que, para que podamos avanzar, necesitamos simplificar los conceptos, necesitamos cierto grado de humildad para entender que, si algo no va bien en nuestra vida, es porque nos faltan cosas por aprender o por usar correctamente.

Unifica todo bajo un solo nombre y no te compliques.

Ese nombre es «ley de atracción», sin más, y engloba todo lo necesario.

Curiosamente, la ley de la atracción es muy sencilla: nos dice que atraemos según lo que pensamos, lo que sentimos y, como consecuencia, lo que decimos y hacemos. Todo esto conlleva algo que nos cuesta mucho poner en práctica y es que, para mejorar nuestra vida, en cualquier dirección, necesitamos cambiar lo que pensamos y sentimos, necesitamos cambiar lo que somos, modificar ese paradigma que conforma nuestro carácter.

Nuestras experiencias del pasado también nos han hecho ser lo que somos.

En general, queremos vivir mejor, pero no estamos dispuestos a realizar cambios; deseamos vivir mejor sin cambiar nuestro paradigma. Por lo tanto, todo proceso de mejora o de sanación va asociado a un proceso de transformación interior y, en este proceso de transformación, que generalmente nos cuesta mucho, la ley de la atracción es uno de los pilares básicos.

La ley de la atracción no es completa, lo que cuesta es su aplicación práctica. Pero el estudio nos ayuda a doblegar esas resistencias.

A veces, nos cuesta cambiar porque no sabemos exactamente qué cambiar o cómo hacerlo.

A menudo, escuchamos que este camino resulta doloroso. Mi propuesta es recorrerlo disfrutando, y entender los procesos ayuda mucho.

Las leyes de la atracción son cuatro.

La primera dice que todo es en presente, en positivo y en primera persona.

Muchas personas quieren que les vaya bien a los demás, por ejemplo, a sus hijos. Pero estos tienen su propio camino de vida y sus propios aprendizajes. En ese caso, lo mejor que podemos hacer por ellos es enfocarnos en las cosas que a nosotros nos gustan y hacer aquellas que mejoren nuestra vida, para que así ellos reciban esa vibración y también sean capaces de mejorar la suya.

¿Podemos visualizar a nuestros hijos felices? La respuesta es sí, pero, en primer lugar, debemos visualizarnos a nosotros mismos.

Cuando estamos inquietos por ellos, tenemos que entender que toda preocupación es un tipo de programación negativa. Esto no quiere decir que vayamos a perjudicar la vida de nuestros hijos con nuestra preocupación, pero la energía que emitimos es negativa e intoxica todo el ambiente. Por otro lado, al visualizar a nuestros hijos felices, tampoco podemos hacer que su vida mejore solo por visualizarlos bien. No obstante, esto nos hace sentir bien y nuestra energía positiva beneficia todo el ambiente energético en general a nuestro alrededor.

Lo mejor que puedes hacer por tus hijos es no detener tu propio crecimiento y desarrollo personal y espiritual. Puedes ayudar a otras personas, pero nunca hasta el punto de retrasar tu evolución, lo cual te perjudicará a ti y, de rebote, también a tu entorno.

No te interesa visualizar, pensar y sentir que el año que viene vas a vivir mejor que ahora, puesto que los tiempos futuros y pasados no existen, ya que todo lo que se está produciendo en tu vida está teniendo lugar en este instante, en el ahora. La magia de la manifestación creativa consciente y deliberada solo se puede producir en el ahora, así que lo único que puedes hacer es visualizar, pensar y sentir que, en este instante, te hallas en un sitio maravilloso haciendo algo fantástico que te emociona mucho.

Recuerda, todo en presente, en positivo y en primera persona.

La segunda ley de la atracción dice: desapégate del cómo y del cuándo.

El cómo y el cuándo son cuestiones exclusivas del universo. Cuando visualizas que recibes un dinero antes de Navidad por las ventas de un libro que has escrito, estás mostrando una carencia total de confianza en el universo, ya que, muy posiblemente, tenga previsto dártelo de una forma que tú ahora mismo ni tan siquiera eres capaz de imaginar y en el momento que considere mejor para ti. Así que cíñete a lo tuyo, que es definir qué es lo que amas, enfocarte en lo que amas, hablar de lo que amas, estudiar y trabajar en lo que amas y visualizar lo que amas.

La tercera ley dice: desapégate de la creencia en el pensamiento lógico que te aplicas a diario y que no es aplicable para el funcionamiento de tu mente inconsciente y del universo, puesto que están fuera de los parámetros del tiempo, del espacio y de la materia.

Esta es una de las razones principales por las que no te conectas bien con el inconsciente, que es tu parte manifestadora, pues no consigues escapar del tiempo, del espacio y de la materia, lo que produce una comunicación defectuosa con tu inconsciente.

Tu inconsciente tiene una lógica distinta de la tuya y tienes que conocerla y familiarizarte con ella.

La cuarta ley de la atracción dice no se va a producir en tu vida aquello que deseas, aquello que visualizas, aquello que quieres o que necesitas, sino que lo que se va a producir en tu vida es aquello que eres.

Neale Donald Walsch, el autor de *Conversaciones con Dios*, dice que lo único que debes manifestar es lo que él llama el «pensamiento promotor», que es aquel que está vinculado a una emoción que habita en lo más profundo de tu interior. Así que, si tienes un profundo sentimiento de baja autoestima o de desvalorización o de no merecimiento, no va a ser posible que manifiestes grandes casas, grandes coches, grandes historias de amor o grandes cantidades de dinero hasta que no resuelvas ese pensamiento promotor.

Si no vamos a manifestar aquello que visualicemos, ¿entonces por qué y para qué visualizar?

Lo primero que ocurre, cuando estamos visualizando algo que nos emociona y nos alegra el corazón, es que nos estamos sintiendo bien, que es una parte muy importante de este juego terrenal. En segundo lugar, generamos hormonas de la felicidad: oxitocina, dopamina y endorfinas. En tercer lugar, al visualizar algo, aumentamos la probabilidad de que eso se produzca en nuestra vida, pero te recuerdo que tienes que visualizar sin expectativas y que el universo siempre te da cada día lo correcto y lo adecuado para tu mayor bien, es decir, el universo te da lo que le da la gana cuando le da la gana. Y, en cuarto lugar, la visualización te conecta mentalmente con esos escenarios que, en estos momentos, no se están produciendo en tu vida y los convierte en escenarios familiares para tu mente debido a la repetición. Esto también es muy relevante.

Cuando visualizas con las expectativas de que se produzca en tu vida aquello que estás visualizando, estás gravemente expuesto a perder tu paz interior cuando esto no se produce y a desarrollar rabia y frustración por el mismo motivo: que la cosa visualizada no se produzca o se demore mucho más de lo que tu deseas. Por ello, no paro de repetir que las expectativas son un bloqueo a la manifestación.

Muchas veces me refiero a este juego terrenal como un juego absurdo, debido a que es totalmente ilógico que, si somos hijos de Dios, hechos a su imagen y semejanza, si somos seres divinos, a cuento de qué un ser de nuestra elevada perfección tiene que andar visualizando para que le vaya bien la vida en la Tierra.

La explicación es que nosotros mismos, desde otro plano, hemos organizado este juego terrenal de esta manera; lo hemos organizado poniendo como pieza importante una mente terrenal, bastante impredecible, hasta que llevamos a cabo este entrenamiento mental que consigue gestionarla de forma eficiente. Por lo tanto, esta terrenalidad es absurda en muchas ocasiones y de muchas maneras, y la visualización creativa es una forma de aportar amor, metas, emociones elevadas, paz y serenidad en esta mente.

Dicho de otra manera, esta experiencia terrenal ni tan siquiera se está produciendo. Pero, como tiene una apariencia bastante real y la hemos diseñado por algo y para algo, pongámosle amor, entre otras formas, practicando la visualización creativa; esto nos pondrá en el camino de hacer el cielo en la Tierra.

La ley de la atracción es una ley concreta a la que le gusta que te enfoques en cosas concretas. Esto quiere decir que, si deseas obtener la felicidad, viene muy bien que desgloses qué cosas concretas te proporcionan felicidad, como una casa determinada en una playa determinada con vistas al mar o un viaje en particular a un sitio que te emociona mucho. Lo genérico es disperso y tú no quieres que tu mente creativa esté dispersa.

Es esencial comprender que nuestras vibraciones y energía tienen un impacto en nuestro entorno y en las personas que nos rodean. La ley de la atracción no consiste solo en recibir, sino también en dar y contribuir de manera positiva al mundo.

A menudo, nos encontramos atrapados en patrones de pensamiento negativos o limitantes que provienen de experiencias pasadas o creencias arraigadas. Para utilizar la ley de la atracción de manera efectiva, es crucial identificar y cambiar estos patrones. Esto implica un proceso de autodescubrimiento y crecimiento personal que será más sencillo si nos marcamos metas concretas, desarrollamos hábitos saludables, perdonamos y visualizamos.

La visualización y la afirmación positiva son herramientas poderosas en este proceso. Al visualizar lo que deseamos y afirmarlo con convicción, estamos programando nuestra mente subconsciente para atraer esas experiencias a nuestra vida.

Además, es importante recordar que la gratitud juega un papel fundamental en la ley de la atracción. Ser agradecidos por lo que tenemos en el presente crea un flujo de energía positiva que atrae más cosas buenas hacia nosotros.

Es fundamental entender que la ley de la atracción no es una solución rápida o una fórmula mágica. Requiere práctica constante y paciencia. Los resultados pueden no ser inmediatos, pero con persistencia y creencia en el proceso, obtendremos cambios positivos.

En última instancia, la ley de la atracción nos recuerda que somos cocreadores de nuestra realidad. Tenemos el poder de influir en nuestro destino a través de nuestros pensamientos, emociones y acciones. Al abrazar esta comprensión y aplicarla en nuestro día a día, podemos abrirnos a un mundo de posibilidades y manifestar la vida que realmente deseamos.

Recuerda: cada día es una oportunidad para alinear nuestras vibraciones con lo que queremos atraer. Con práctica y dedicación, la ley de la atracción puede convertirse en una herramienta poderosa para transformar nuestra existencia de manera positiva y significativa. ¡Confía en el proceso y mantén una actitud positiva y abierta!

En este viaje de aplicación de la ley de la atracción, es esencial tener en cuenta que somos seres en constante evolución. Cada peldaño que subimos en esta escalera nos prepara para el siguiente. A medida que cambiamos y crecemos, nuestras metas y deseos pueden transformarse. Por lo tanto, estar abiertos a ajustar nuestras visualizaciones y afirmaciones es una parte natural del proceso.

Además, la paciencia y la persistencia son virtudes clave en el uso de la ley de la atracción de manera efectiva. A veces, los resultados pueden no ser evidentes de inmediato, pero eso no significa que no estén por llegar. Mantener una actitud positiva y confiar en el proceso es crucial. Todo en la Tierra son procesos.

Todos los procesos inherentes al estudio de estas leyes nos llevarán a alinearnos cada vez más con la fuente que todo lo crea y de la que formamos parte, que nos llevará a estados de paz creativa y a tener ideas inspiradas que luego nos van a permitir realizar acciones inspiradas.

En relación con la necesidad de pasar a la acción, tengo que aclarar que, a veces, no es necesaria ninguna acción física, aunque la no acción es una forma de acción, e incluso, en ocasiones, hace falta una acción masiva física que va acompañada de una acción mental masiva.

Por lo tanto, la acción mental es indispensable siempre: cuanto más masiva, mejor. Principalmente, debemos visualizar, estudiar y perdonar. Después, la acción física casi siempre es necesaria en mayor o menor medida; sin embargo, con frecuencia, todo llega sin más. La fe, el amor y el conocimiento te ayudarán mucho junto con la indispensable confianza en uno mismo.

Solemos escuchar afirmaciones como estas:

«Lo que es para ti nadie te lo puede quitar».

«Lo que es para ti, tarde o temprano, llega a tu vida».

Estas afirmaciones son ciertas, pero no te ofrecen una información completa y, depende de cómo las interpretes, pueden animarte, erróneamente, a no hacer nada. Ten en cuenta que cuando te dicen «tarde o temprano, llegará a tu vida», lo que se pretende es acortar los plazos de sufrimiento y que las cosas buenas lleguen a tu vida más temprano que tarde. Cuando te dicen «más tarde», no sabemos si puede tratarse de un mes o miles de años.

Como hijo de Dios que eres, tu salvación está asegurada. Este libro no busca salvarte, sino más bien acelerar los procesos positivos para que tu salvación se produzca lo más pronto posible.

Otras frases que no nos ayudan a entender que a veces hay que realizar muchas acciones y otras veces no, son:

«En ocasiones, las cosas llegan cuando dejas de buscar».

«Relájate, no tendrás que competir por lo que Dios dijo que es tuyo».

Cuando tenemos mucho deseo terrenal, estamos buscando con ansiedad, lo cual bloquea la manifestación. Por lo tanto, cuando cesamos en ese deseo insano, es más fácil que las cosas lleguen.

Repito: la acción mental correctamente enfocada, de forma emocional, energética y espiritual, es imprescindible.

Relajarse está bien, pero mantener activa tu divina obsesión suele ser mejor.

Las personas creen que cuando desean dinero o una

casa y visualizan mentalmente ese dinero o esa casa, esos deseos llegarán a ellos de alguna manera. Aquí hay que aclarar dos cuestiones: la primera es que puede que ese dinero y esa casa lleguen, o incluso algo mejor, teniendo en cuenta que este «algo mejor» puede ser otra cosa o puede ser nada, puesto que, si en ese momento lo que mejor te viene es no recibir nada, pues así será; la segunda es que casi nunca llega una casa o dinero tal cuales, sino ideas inspiradoras que te permitirán contribuir con el mundo de una forma maravillosa y que, como consecuencia, conseguirás ese dinero o esa casa o cualquier otra cosa.

Tenemos que pensar que la ley de la atracción es muy poderosa y, al mismo tiempo, fácil, sencilla y divertida, y debemos entender que no se anda con tonterías: tenemos que entregarnos abiertamente y de corazón a la ley de la atracción como uno de los instrumentos más importantes en nuestro crecimiento y desarrollo.

Sin entrega total, tus posibilidades de mejorar disminuyen.

Palabras mágicas para recordar

Es nuestro inconsciente el que da forma y expresión a nuestro mundo físico. Lo exterior se crea en nuestro interior, lo no visible crea lo visible. Estamos queriendo manifestar una vida mejor usando la lógica de nuestra mente consciente que está soportada bajo la creencia de que el tiempo, el espacio y la materia existen. Esto hace que no consigamos manifestar bien, puesto que las reglas las marca nuestro inconsciente que no está sujeto a las trampas del tiempo, el espacio y la materia. Aprendamos a pensar de otra forma. Aprendamos el lenguaje de nuestro inconsciente.

10

Los cinco superpoderes

Partimos de la base incuestionable de que somos hijos de Dios, de que estamos hechos a su imagen y semejanza. Somos omniscientes como Dios Padre y todo lo sabemos; somos omnipresentes como Dios Padre y estamos en todas partes, y somos omnipotentes como Dios Padre y todo lo podemos.

En la Tierra, no disponemos de nuestros poderes divinos. Fue la condición necesaria que se estableció para crear esta ilusión terrenal, pero descubrirás que estos cinco superpoderes que voy a mostrarte a continuación también son muy potentes.

Entonces, si lo sé todo, ¿por qué me equivoco tantas

veces? ¿Por qué no soy capaz de tomar decisiones y elecciones más acertadas?

¿Cómo es posible que un hijo de Dios tenga que visualizar o seguir estudiando cosas para vivir con plenitud?

Nuestra salvación está asegurada y no tenemos que hacer nada para conseguirla. En este libro, únicamente estamos viendo formas de acelerar este proceso para vivir mucho mejor y lograrlo en menos tiempo.

Todo lo que vemos existe y no existe a la vez.

Todo lo que vemos ha sido creado por nosotros mismos en otro plano distinto.

Estamos viviendo esta experiencia terrenal, bien para aprender algo, bien para vivenciar, experienciar y disfrutar algo. Para simplificar y no enredarnos, podemos quedarnos con las dos cosas y pensar que estamos aquí para aprender disfrutando.

En definitiva, no estamos viviendo esta experiencia para sufrir, aunque, aparentemente, hay muchas personas sufriendo mucho en el mundo.

Para mí, la principal fuente de aprendizaje son los libros y no es necesario leer tantas cosas para aprender lo esencial. Aquí también nos encontramos con algo paradigmático: si ya lo sabemos todo, no debería ser necesario aprender nada más. Todos hemos escuchado la famosa frase de que «lo único que tenemos que hacer es desaprender».

El aprendizaje que propongo nos va a enseñar, principalmente, cómo reconocer y conectar con nuestra esencia divina, con ejercicios sencillos y fáciles, pero que requieren tenacidad y perseverancia.

Una vez que entendamos la esencia de todo esto, lo único que tendremos que hacer será practicar y disfrutar durante todo el resto del tiempo que tengamos, tanto en esta vida como en las siguientes.

Esta experiencia terrenal es una ILUSIÓN MENTAL que está ocurriendo por algo y para algo, seguramente, para disfrutar y aprender, pero, ya que tiene una apariencia muy real, pues prestémosle atención y pongámosle amor. Desde nuestra infinita divinidad, podemos prestarle atención con amor y aprender las reglas del juego, que nosotros mismos hemos creado, para así disfrutar en vez de sufrir.

El poder de crear un pensamiento

Para mí, hay una prueba clara de que somos seres superiores y es la capacidad que tenemos de crear un pensamiento, lo cual nos coloca inmediatamente por encima de todas las criaturas y de todas las cosas que hay en la Tierra. Este es el primer superpoder, que queda reforzado cuando vemos que somos capaces no solo de crear un pensamiento, sino que disponemos del libre albedrío de crear un pensamiento bueno, amoroso, positivo, de disfrute, o bien de crear un pensamiento malo, en el cual estamos viviendo una situación desastrosa.

Podemos pensar, recordar e imaginar cualquier cosa. Por ello, es muy importante que hagamos buen uso de este superpoder.

A continuación, haremos un ejercicio de creación de un pensamiento positivo: imagínate que te encuentras, en este momento, en un sitio y en una situación muy emocionante para ti. Vas a crear una escena mental en la cual, como siempre has deseado tener un hijo, te imaginas y visualizas que lo tienes en tus brazos; o bien, como siempre has deseado conocer París, te ves subiendo en el ascensor de la torre Eiffel; o, como lo que más te gusta en la vida es estar en la playa, estás paseando por esa playa maravillosa que has visitado tantas veces o por otra en la que no has estado nunca pero que deseas de conocer, por ejemplo, la famosa palaya de Waikiki en la isla de Oahu, en el archipiélago de Hawái.

Cuando cerramos los ojos para imaginar o visualizar estas escenas positivas, que somos capaces de crear de forma divina, nos resulta muy fácil trascender el tiempo, el espacio y la materia. Así, si yo ahora mismo quiero imaginar que estoy en París y, un minuto después, que estoy en Roma, y un minuto después, que estoy en Londres, a pesar de que físicamente estoy en España, mi mente puede viajar instantáneamente a cualquier sitio que desee sin limitaciones físicas.

Puede que el mundo que estoy recreando en mi mente sea más real que el que estoy viviendo físicamente, según nos dice la física cuántica. En lo que seguro estaremos todos de acuerdo es que este mundo mental tiene consecuencias directas en mi mundo físico y real.

Los pensamientos negativos y de preocupaciones llegan solos cada día, tal y como defiende la neurociencia.

A mí me gusta mucho la expresión que se refiere a ellos como el «tren de pensamientos perturbadores», porque es muy posible que ese tren nos esté atropellando continuamente. Sin embargo, los pensamientos positivos no llegan solos, sino que los tenemos que crear expresamente.

Numerosas personas, a menudo, manifiestan que sufren de pensamientos repetitivos negativos, a mucha velocidad, muchos, continuamente, y que esta situación les agota mentalmente.

Mucha gente también padece de pensamientos negativos pero muy repetitivos, hasta el punto de sentirse agotados mentalmente, primero, y físicamente, después.

No puedes luchar contra tus pensamientos negativos, no puedes luchar contra nada porque todo contra lo que luchas crece. Tu única forma de evitar ser arrollado por este tren de pensamientos negativos es crear tu propio tren de pensamientos positivos.

Atesora un grupo de pensamientos positivos o de escenas mentales, que te emocionen mucho, alineadas con tus metas y objetivos terrenales y divinos, y disfrútalos cada día varias veces.

La única posibilidad que tienes de evitar un pensamiento nocivo, que te está atormentando mucho en un momento concreto, es sustituirlo inmediatamente por uno positivo, diseñado por ti previamente.

En los buenos momentos, es cuando más te interesa practicar todo esto. Cuanto más entrenes, mejor. Por el contrario, cuando te sientas tan mal que no puedas tener un pensamiento positivo, procura, al menos, tener el mejor pensamiento que puedas en ese momento.

Tu casi único y principal problema es que estás creando continuamente pensamientos incompatibles con la paz y el amor, así que te animo encarecidamente a que tomes el mando y el poder de tu vida y empieces a crear pensamientos de paz, de amor, de éxito, de disfrute, de riqueza, de celebración. Algunas personas no caen en la importancia que tiene este superpoder y en lo mágico que es crear un pensamiento.

Los recuerdos nos juegan muy malas pasadas, hay recuerdos difíciles de digerir, hay otros que nos atormentan. Lógicamente, nos interesa buscar la forma de darle la vuelta a todo eso, así que, en primer lugar, vamos a desear recrear en nuestra mente los recuerdos que nos interesan, los recuerdos que claramente son buenos. En segundo lugar, podemos cambiar un recuerdo y reconstruirlo de forma diferente en nuestra mente. Y, en tercer lugar, como en este momento somos personas maravillosas —debido a todos los desafíos del pasado que hemos superado—, podemos preguntarnos qué ha podido aportarnos de positivo aquello horroroso que nos ocurrió.

En relación con la técnica de remodelar el pasado y cambiar en nuestra mente lo sucedido, tengo que decirte que la neurociencia ha demostrado cómo nuestra mente nos engaña con los recuerdos y transforma el pasado; a veces, en nuestra contra, olvida cosas e inventa otras que no tuvieron lugar. Así, es curioso cómo varias personas que presenciaron un mismo suceso, con el paso del tiempo, cuentan versiones muy distintas de lo que vieron.

No te fíes de tu memoria.

Entrénate todos los días para crear pensamientos favorables, para imaginar y sentir las emociones elevadas que los acompañan, para recrearte en pasados y futuros maravillosos.

El poder de elegir

Este superpoder es el complemento perfecto del poder anterior, pues sirve para demostrar que eres el rey del universo. Si eres capaz de crear un pensamiento favorable a tus intereses y de elegirlo cada día, nunca habrá nada que te pueda parar.

Se trata del poder de elegir esos pensamientos maravillosos de forma consciente y deliberada, en cualquier momento que desees.

Estas habilidades las perfeccionaremos mes tras mes, año tras año, vida tras vida, hasta llegar a la perfección que realmente somos.

Mientras tanto, tenemos la posibilidad de elegir mal y de elegir bien; mientras tanto, tenemos la posibilidad de crear pensamientos maravillosos o de crear pensamientos desastrosos. Esta experiencia está basada en la diversidad: todos somos aparentemente diferentes, aunque, en verdad, somos uno. Cuando seamos capaces de verlo, será el fin del juego y del disfrute.

El éxito no consiste en alcanzar la meta, sino en disfrutar del camino sin perder de vista nuestra meta de perfección; entender quién y qué somos, entender a dónde vamos, entender las reglas de este juego y llevar a cabo un entrenamiento mental diario. Esta es la única forma de vivir sin sufrir.

Ahora que sabemos que esta vida es una escuela en la que aprender y, al mismo tiempo, un juego divertido, podremos cambiar la percepción de todo lo que nos ocurre.

Creer que tenemos un problema es un error de percepción, puesto que lo único que podemos tener son aprendizajes. Cuando no comprendemos esto, sufrimos.

Cada elección que haces es importante.

Entender que puedes elegir, aunque ahora mismo puedas equivocarte numerosas veces, te devuelve la esperanza de una vida mejor. En ese instante, puedes ser responsable y poner fe en tu entrenamiento.

Puedes elegir la paz sobre la preocupación, puedes elegir el conocimiento en vez de la ignorancia.

Saca el tiempo de tu mente y piensa que tienes tiempo infinito para aprender a elegir cada vez mejor.

El poder de la perseverancia

Este tercer poder va muy unido a la constancia, a la tenacidad, a la determinación y a la disciplina.

«La verdadera libertad está en ser disciplinado», decía Séneca.

Aquí nos encontramos con otra paradoja: ¿cómo podemos ser capaces de desarrollar disciplina si no la tenemos? Simplemente, elige cada día esos pensamientos previamente diseñados por ti, alójalos en tu corazón y, con el paso del tiempo, gozarás de más perseverancia y disciplina. Esta tarea mental se convertirá más adelante en tu mejor trampolín para desarrollar cualquier cosa que desees.

El poder de la perseverancia va de la mano con ser capaz de desarrollar el poder de elegir.

La perseverancia implica una voluntad inquebrantable que se mantiene firme ante las dificultades, en la que no nos dejamos vencer por la desesperación ni cedemos ante la tentación de abandonar.

La perseverancia también puede significar la adhesión constante a los principios, valores o creencias personales. Incluso, cuando nos enfrentamos a desafíos, es buen momento para mantenernos firmes en nuestras convicciones, enfocados a nuestras metas y con fortaleza mental. Por eso, el entrenamiento mental previo es tan importante, porque, si no, cuando llegan los desafíos, CAEREMOS.

No olvidemos las palabras de Albert Einstein: «La disciplina gana a la inteligencia».

El poder de crear hábitos positivos

El éxito en la Tierra es cuestión de metas y de hábitos.

De forma directa, al decidir crear pensamientos de amor gozoso, estamos marcándonos objetivos positivos, alineados con nuestro corazón y con nuestra esencia divina. El cuarto superpoder es, por tanto, el de ser capaces de establecer hábitos positivos. Esta capacidad nos facilita en gran medida el entrenamiento mental que nos hemos propuesto: el de crear pensamientos y elegirlos, visualizarlos cada día, y, a través de esa perseverancia diaria, instaurar el hábito mental que luego nos va a permitir y facilitar la creación de todos los demás hábitos físicos.

Hay unas consecuencias gigantes y beneficiosas para

tu mente terrenal cuando estableces metas, pues tu mente no puede evitar entrar a jugar inmediatamente y enredarse en positivo.

Los hábitos y las metas son la llave maestra que abre todas las puertas del templo.

Estas rutinas saludables son muy escasas y, sin embargo, inexplicablemente, nos cuesta verlas con claridad y enfocarnos en ellas. Los hábitos más importantes son:

- Visualización creativa diaria.
- Desarrollo personal y aprendizaje continuo, como leer libros de crecimiento y desarrollo personal y espiritual (así te aseguras crecer interiormente).
- Alimentación sana y consciente.
- Ejercicio físico saludable y consciente.
- Establecer metas continuamente a nivel terrenal y espiritual.
- Vivir en el amor y sentir amor.
- Practicar la gratitud, la creatividad y la autenticidad.
- Practicar el perdón.
- Ser útil a ti mismo y al mundo, estar al servicio de los demás.

Si, desde nuestra esencia divina, nos planteáramos tener siempre presente el amor en esta experiencia terrenal, a veces distópica, el resultado sería una rutina con los hábitos que se recogen en la lista anterior.

Recuerda que somos seres divinos y que no necesitamos hacer visualización creativa para nada, porque ya somos todo lo que necesitamos ser. No obstante, en este plano en el que habitamos, tenemos una mente terrenal bastante enloquecida y dispersa que nos puede dar mala vida si no la entrenamos. La herramienta principal para este entrenamiento es la visualización creativa. Por lo tanto, no es que necesitemos ejercitarla, sino que, más bien, es una forma de poner amor en todas las cuestiones terrenales.

Cuando hacemos esto, todo nos resulta mucho más fácil. De forma casi automática, se produce la conexión entre nuestra mente terrenal y nuestra mente divina, entre nuestra existencia terrenal y nuestro ser divino.

A partir de aquí, la riqueza —en todos los sentidos— es un efecto lógico de esta nueva actitud de vida que estamos integrando.

Somos seres expansivos, ya que nuestra esencia divina

se está expandiendo en el amor continuamente. Esta esencia expansiva nos lleva a desear ser y a tener cada año más riqueza, más amor, más salud, más dinero y más conexión con nuestra divinidad. De esta forma, estamos alineados con nuestra esencia. Pero estar desalineados nos provocará incomodidad y sufrimiento, pues no podemos ir contra lo que somos.

El poder de sentirnos bien

El quinto y último superpoder es el de elegir sentirnos bien ahora, sin necesidad de que luchemos contra nada y sin que tengamos que sentirnos bien por obligación, puesto que rechazar las emociones negativas, no vivirlas cuando las tengamos que vivir, muchas veces supone esconderlas en nuestro interior, donde habitan y crecen hasta que vuelven a emerger con más fuerza.

Cuando no nos sentimos bien, simplemente, estamos desalineados de lo único que en verdad somos.

Es importante integrar todo este conocimiento para que, en nuestra mente, se produzca el efecto llamado «inversión de pensamiento», que nos permite entender que todo lo que creíamos antes realmente no funciona o funciona al revés, como, por ejemplo, al intentar esforzarnos más para solucionar un problema o para salir de una situación difícil. Esto es contraproducente, como cuando nos preocupamos por creer que todos somos seres separados y diferentes, lo cual va en contra de la ley de la unicidad según la cual todos somos una sola cosa. Todo esfuerzo y toda preocupación son tipos de programación negativa, solo podemos extender amor y sentir amor.

Cuando nos sentimos mal, a veces, no tenemos energía suficiente para aplicar todo lo que estamos aquí proponiendo. Así que es muy importante que practiquemos intensamente aquellos días en que nos sentimos bien, pues la consecuencia será que disminuirán los días en que nos sintamos mal.

Recuerda que, en todo momento, tienes la posibilidad de mejorar tu estado anímico si eliges un pensamiento previamente diseñado por ti y alineado con escenas mentales de éxito, riqueza y disfrute.

Existe un dilema profundo en cómo ser disciplinado, cómo crear disciplina cuando no tienes disciplina para crearla. La solución es visualizar, estudiar y perdonar. La solución a la baja autoestima es visualizar, estudiar y perdonar. La solución a una vida desconectada de propósitos e ilusión es visualizar, estudiar y perdonar.

Palabras mágicas para recordar

Cuando te sientes bien, estás creando la vida que deseas; cuando no te sientes bien, estás creando la vida que no deseas.

11

¿Demasiada información?

Vivimos en la era del conocimiento, caracterizada por que casi todo el saber que necesitamos está al alcance de nuestra mano, en nuestro móvil y gratis.

La ignorancia ha existido siempre, pero, en estos momentos, es inconcebible con tantos dispositivos electrónicos inteligentes a nuestra disposición.

Tu mente terrenal inconsciente siempre tiende a resistirse a los cambios. Además, no ha sido diseñada de fábrica con el programa felicidad incorporado, de modo que suele someterte a dos jugarretas:

- Saturarte de información, para que, en vez de claridad, tengas caos e intoxicación informativa por exceso.

- Te hace creer que todo el conocimiento que puedes adquirir de forma gratuita realmente no sirve, cuando lo cierto es que todo lo esencial es gratis y se encuentra con facilidad.

La solución a este autoboicot es muy simple. Te animo a que gastes dinero en formación, te animo a que inviertas en ti mismo todo lo que puedas: cuanto más caros sean los cursos y las mentorías que recibas, mucha más sensación de alto valor sentirás en tu interior; se producirá un aprovechamiento elevado del conocimiento recibido.

Cuando descubrí esto, empecé a avanzar de verdad, más satisfactoriamente, en mi camino hacia una vida mejor. Pude salir con más rapidez de los niveles básicos en los que me resultaba muy difícil evitar el sufrimiento.

Estoy hablando de gastar dinero a todos los niveles. Estoy hablando de comprar libros en vez de piratearlos. Estoy hablando de pagar cursos online o presenciales, talleres, retiros, mentorías grupales e individuales.

Pero siempre en relación con el crecimiento y desarrollo personal y espiritual, incluyendo la ley de la atracción de alto nivel, que, a estas alturas, tendría que ser parte de la cultura general de toda la población del mundo.

En el precio está el compromiso.

Cuanto menos pagues por algo, menos te impactará, menos lo disfrutarás.

Algunas partes de tu mente son totalmente absurdas, hasta que adquieres el conocimiento que te libera, junto con el entrenamiento mental correspondiente.

Asociado a toda la adquisición de este conocimiento, se producirá un aumento de tu riqueza interior y exterior que te permitirá asistir a eventos cada vez de mayor precio: te introducirás así en una espiral ascendente muy beneficiosa para ti. «Si solo quieres cosas gratis, siempre serás pobre», dice Tony Robbins.

El diezmo es una práctica que consiste en donar el 10 por ciento de los ingresos o ganancias a una causa religiosa, generalmente, a la Iglesia. Esta práctica está arraigada en muchas tradiciones del mundo.

En el contexto cristiano, el diezmo se basa en referencias bíblicas, como el Antiguo Testamento —libro de Malaquías 3:10—, donde se anima a la gente a llevar el diezmo al alfolí (el tesoro de la iglesia). También se menciona en el Nuevo

Testamento —Mateo 23:23—, cuando Jesús menciona este tipo de aportación junto con otros aspectos de la ley.

La interpretación y práctica del diezmo puede variar entre diferentes comunidades religiosas y su denominación tampoco es siempre la misma. Algunas comunidades lo consideran una obligación espiritual y financiera, mientras que otras pueden verlo como una guía o una sugerencia, al permitir cierta flexibilidad en la cantidad donada y destinarlo a diferentes causas.

En nuestros tiempos, el diezmo no tiene por qué ser de un 10 por ciento como antiguamente; con un 1 por ciento, ya es suficiente, independientemente de que quieras superarlo, pero nunca disminuirlo. Cualquier porcentaje entre el 1 y el 5 por ciento está bien; cualquier porcentaje entre el 5 y el 10 por ciento, también, pero no es necesario llegar tan lejos.

Todos tenemos una adicción inconsciente al dinero y asumir esta regla de oro es un ejercicio mentalmente sano para disminuir esta adicción.

Esta regla de la prosperidad establece que, como mínimo, el 1 por ciento de lo que recibimos debe ser devuelto al universo. Este 1 por ciento no nos pertenece, e ignorar esta regla nos impide prosperar en todos los aspectos de la vida, incluyendo las relaciones, los negocios y la salud emocional.

El diezmo no se limita solo al dinero, también abarca donaciones de tiempo, conocimientos y habilidades. Este acto crea un círculo de abundancia a nuestro alrededor y mantiene un flujo constante de energía positiva.

Por supuesto, todo lo que damos regresa a nosotros multiplicado por cien, pero no podemos aportar con la expectativa de recibir. Tenemos que dar generosamente sin esperar nada a cambio, que es la única forma de dar. Como ya he comentado en varias ocasiones, las expectativas generan frustración si no se cumplen, al mismo tiempo que aumentan la probabilidad de que lo que esperamos no llegue a buen puerto, pues las expectativas son bloqueos a la manifestación.

Lo aconsejable es hacer una donación del 1 por ciento de todos los ingresos que tengamos cuando estos se produzcan. Preferiblemente, la donación ha de ir destinada a una organización o entidad con fines sociales. Y lo ideal no es realizar esta donación de forma directa a personas de nuestro círculo familiar o personal.

Cuando ayudemos financieramente o prestemos dinero a nuestros allegados, a nuestros conocidos o familiares, es muy recomendable visualizarlos en felicidad, en disfrute, en riqueza, en serenidad, con nuestra cabeza bien lúcida sabiendo que son seres divinos igual que nosotros.

Conny Méndez hablaba de un tipo de diezmo muy especial y que se encamina en dos direcciones. Se trata de la hora de Dios.

La hora de Dios consiste en dedicar un tiempo diario para conectarnos con lo divino, ya sea a través de la meditación, la lectura de textos espirituales, la oración o la reflexión. Ese momento sagrado nos ayuda a sintonizarnos con la energía universal.

A veces, cuando estamos haciendo ejercicio en el gimnasio, también podemos conectar con emociones elevadas e incluso visualizar; asimismo, leer libros conscientes es casi también como meditar.

Esta hora de Dios debe tener prioridad en nuestra agenda, no podemos dedicarle huecos sueltos en el caso de que surjan. Es una actividad muy importante, pues tiene que ver con el diseño mental de nuestra vida: si no dedicas tiempo de forma prioritaria al diseño de tu vida, después no te quejes de que tu vida va mal, ES QUE NO TE HAS PREOCUPADO DE DEFINIRLA. Imagina que una persona no se encuentra bien debido a un asunto concreto de salud y yo le propongo que vea una película o un documental específico de YouTube o que lea este libro. Una semana después, me veo con esa persona y me dice que no ha hecho ninguna de las dos cosas porque no ha tenido tiempo, porque tiene mucho trabajo, porque tiene dos hijos... por muchos motivos.

Me he encontrado muchas veces con este tipo de casos.

La vida nos engaña de muchas maneras, nos pone trampas, y creer que no tenemos tiempo para hacer lo único que nos viene bien, para hacer lo esencial de nuestra vida, lo que va a sanarnos a nosotros y a nuestros hijos es uno de los errores más graves que podemos cometer.

No puedes mejorar tu vida si descuidas las cuestiones esenciales.

Es una cuestión de prioridades. Debes decidir si para ti la prioridad es seguir sufriendo o dejar de sufrir. Si tu vida no te lo permite, te animo a que cambies de vida o de actitud mental, o las dos cosas.

Palabras mágicas para recordar

Las dudas producen resultados dudosos.

12

El plan de la barriga

Alguien me dijo en una ocasión que no volvería a hacer ejercicio nunca más porque no servía para nada. Esta persona tenía un poco de sobrepeso y algo de barriga. Durante un año, había estado yendo al gimnasio con muchas ganas e intensidad, pero, pasado ese tiempo, se pesó y el resultado fue el mismo que doce meses atrás. Así que me confesó que la conclusión que había sacado es que todo ese año de ejercicio no le había servido para nada.

Pretendemos que nuestra vida mejore llevando a cabo muchas actividades, pero si seguimos siendo lo mismo que somos, nuestra vida no cambiará nunca. A esto también se le llama «la ley del orden», porque ser, hacer, tener lleva un orden: primero, consiste en ser; después, hacer; luego, tener. Las personas quieren hacer, hacer sin renunciar a lo que son, sin realizar cambios en su interior, sin una transformación interna, y eso no funciona.

Para llevar una vida mejor, hay que transformarse en alguien mejor.

Con el trabajo mental a nivel elevado, se puede conseguir de todo. Sin embargo, si quieres tener un cuerpo proporcionado, sano y atractivo, te animo a seguir una alimentación sana y consciente, realizar ejercicio físico saludable y consciente, y entrenamiento mental. Siempre propongo hacer todo sin expectativas.

Volviendo al caso anterior: un año después, esa misma persona me confesó que había llevado a cabo el plan mental que yo le había propuesto que, entre otras cosas, incluye lectura consciente, visualización diaria, ejercicio y alimentación, y que proporciona a la mente paz y enfoque, así como conocimiento e intención. En definitiva, todo lo que se propone en este libro.

Pero el plan tampoco había funcionado. El plan no había servido.

Revisándolo, nos dimos cuenta de que esa persona,

con toda su buena intención, estaba siguiendo el plan tan solo para tener un cuerpo mejor y reducir su barriga.

Aparentemente, estaba cumpliendo con todas las condiciones del plan, excepto con algunos pequeños detalles.

Solo hay dos pasos para la manifestación creativa. En el primero, que todos hacemos correctamente, tenemos un deseo, tenemos un pensamiento, queremos vivir mejor en algún aspecto concreto. En el segundo paso, que casi todo el mundo hace mal, abandonamos el deseo y nos dedicamos a sentir, solo sentir; casi nadie abandona el deseo.

Abandonar el deseo es imprescindible; sentirlo intensamente y disfrutarlo también es necesario.

¡Solo son necesarios dos pasos y fallamos en uno de ellos!

El primer paso es sentir un deseo y el segundo paso es abandonar el deseo y pasar a sentir que ya ERES, que ya ES.

El primer paso es totalmente *egoico*, pero, al mismo tiempo, es esencial y totalmente terrenal, puesto que nuestro ser no desea nada, solo siente. Por lo tanto, tampoco tiene pensamientos ni emite palabras, como el proceso de manifestación consciente, que es deliberado, positivo, se hace desde nuestro ser, que no está sujeto a las trampas del tiempo, del espacio, de la materia. Por ello, debemos aprender el lenguaje del ser, sus formas y sus caminos.

Cierra los ojos cada día y siente que ya eres y que ya tienes.

Regresemos a nuestro ejemplo de la barriga. ¿Seguro que el plan no funcionó?

En este caso, los pasos serían los siguientes. En un primer lugar, sentimos que no estamos a gusto con nuestro cuerpo, que queremos mejorar esa situación; tenemos el deseo de vivir mejor y tener un vientre plano, así que confeccionamos un plan consciente, tal y como se detalla en este libro, y lo llevamos a cabo durante un año sin tener los resultados deseados.

Desear que la barriga desaparezca es un grave error, lo mismo que pensar que el plan no ha funcionado.

Cuando estamos llevando a cabo un plan para perder barriga, estamos enfocados en el problema, estamos enfocados en la barriga. Y aquello en lo que nos enfocamos recibe energía, se alimenta de esa energía, y el síntoma o el problema sobrevive.

Si pensamos que el plan no ha funcionado, lo lógico sería abandonarlo. Sin embargo, no hay otro plan mejor, no hay otro plan, es el único plan. Cuando entendemos que el plan es perfecto y está bien diseñado, lo único que debemos hacer es darnos cuenta de que tenemos que enfocarnos en él y no en el problema.

Nos ocupamos de la barriga, pero no nos preocupamos.

El único camino es el plan. Confeccionamos el mismo plan para cada problema o desafío que se nos plantee y luego nos enfocamos en el plan.

Es posible que la barriga disminuya o que no lo haga nunca, porque cuando estamos en el plan, estamos en el mejor sitio para que nuestra barriga disminuya. De todas formas, si no perdemos tripa, experimentaremos plenitud igualmente, ya no nos perturbará.

En general, viviremos cada año mejor que el anterior, hasta el infinito.

El éxito no es la meta, que también, sino disfrutar del camino sin perder de vista el objetivo.

A esta vida no hemos venido a hacer, sino a ser. Nuestro fin, en última instancia, es encontrar el camino de vuelta a casa y despertar.

Cuando te enfocas en los problemas, tienes más problemas. Solo debes centrarte en las soluciones; en este caso, en las soluciones conscientes.

En resumen, el plan consiste en lo siguiente:

- Visualización creativa: estudiar, visualizar y perdonar diariamente.
- Desarrollo personal y aprendizaje continuo, como leer libros de crecimiento y desarrollo personal y espiritual (así te aseguras crecer interiormente).
- Alimentación sana y consciente.
- Ejercicio físico saludable y consciente.
- Establecer metas continuamente a nivel terrenal y espiritual.
- Vivir en el amor y sentir amor.
- Practicar la gratitud, la creatividad y la autenticidad.
- Practicar el perdón.
- Ser útil a ti mismo y al mundo, estar al servicio de los demás.

También podemos añadir:

- Elegir el ser en vez de la terrenalidad *egoica*.
- Salir de las trampas terrenales del tiempo, el espacio y la materia.

- Proporcionar a tu mente paz y enfoque, conocimiento e intención.

- Practicar la entrega, la renuncia, la armonía, el desapego, la neutralidad, la humildad, el deseo sin expectativas.

- Ejercitar el convencimiento, la confianza, la intensidad emocional, la fe y la perseverancia.

- Adquirir la maestría del tiempo.

- Superar las tentaciones: el dinero, el poder, el sexo y la fama (en su formato tentación/desafío, no en el formato bendición, que es el que tenemos que habitar).

- Salvar los desafíos y las pruebas que nos pone la vida antes de subir de nivel.

Asimismo, es necesario entender y aplicar correctamente las principales leyes de la Tierra:

- La ley de causa y efecto. Estamos sembrando y cosechando continuamente, pero no somos capaces de ver la causa de cada efecto porque hay un espacio de tiempo que distorsiona y, además, siempre hay UN ORDEN: primero es la causa y luego es el efecto.

- La ley del espejo. Todo lo que ves en tu exterior ES TUYO, aprende a aplicar de forma RADICAL esta ley.
- La ley de la atracción. Atraes lo que eres y sientes.
- La ley del camino fácil. Siempre el camino fácil es el camino del ser y siempre es el buen camino.
- La ley del mentalismo, todo es mente.

Como puedes imaginar, el plan de la barriga puede usarse para todo. ¿Que quieres conseguir más dinero? Sigue este plan. ¿Que deseas tener más salud o resolver algún síntoma concreto? Sigue este plan. ¿Que tienes baja autoestima, inseguridad o miedo? Sigue este plan.

Por simplificar: la primera parte del plan consiste en visualizar, estudiar y perdonar. Céntrate en este aspecto y el resto del plan irá llegando, que consiste en vivir cada año en mayor plenitud, riqueza de todo tipo, serenidad, sabiduría, conocimiento, amor y unicidad.

Palabras mágicas para recordar

Los anhelos, los deseos, los miedos, las culpas y las dudas son bloqueos a la manifestación.

13

Mi intuición funciona fatal

Tu intuición es la única herramienta que tienes para andar por la vida. Cada decisión que tomas, se produce en función de lo que te dice tu intuición. Se trata de ese pequeño susurro interior, esa sensación visceral que te guía sin una razón aparente.

Podemos decir que hay decisiones racionales y decisiones emocionales o intuitivas, pero las decisiones racionales tienen un componente emocional o intuitivo muy grande, así que, en consecuencia, somos seres emocionales e intuitivos mucho más que seres racionales.

También podría decirse que, aparentemente, somos racionales, pero es una percepción errónea y forma parte de la misma ILUSIÓN. De hecho, es bueno para ti que pienses menos y sientas más.

Tú crees que eres una persona muy inteligente, con mucha libertad de decidir lo que quieres, que empleas continuamente la razón. Piensas que dominas el razonamiento lógico, que tienes mucha información y mucha memoria, que eres un pozo de sabiduría porque has estudiado, que sabes sobre numerosos temas, que estás al día, que gozas de gran experiencia y que estás mejor preparado para la vida que otras personas.

Sin embargo, resulta que todos los grandes deportistas del mundo realizan un duro entrenamiento físico, tanto de fuerza como de técnica, indispensable para sus disciplinas, además de un entrenamiento mental que les proporciona, entre otras cosas, serenidad y enfoque.

Resulta que todos los grandes directivos de empresas de todo el mundo se preparan mentalmente, sobre todo, de cara a la atención plena, para mejorar el porcentaje de acierto en las decisiones que toman y, también, para tener la capacidad de mantener la mente fría en momentos de crisis y poder tomar buenas decisiones en vez de ponerse nerviosos y hacer cualquier tontería con consecuencias fatales para toda la vida.

Me resulta difícil entender que una parte importante de la población mundial desconozca que llevar una vida sin un plan mental, sin un entrenamiento mental, sin conocer cómo funciona su mente hace que estén expuestos a tomar malas decisiones en cualquier circunstancia y que todo ello afecta negativamente a varias de las áreas maestras de su vida.

Hay multitud de estudios científicos que avalan esta afirmación, que la relación que tienes con tu mente mejora o empeora tus decisiones y tu calidad de vida.

Así, un estudio de 2019 publicado en la revista *Frontiers in Psychology* examinó cómo la práctica regular de la meditación puede influir positivamente en la toma de decisiones de los líderes empresariales. Los resultados sugirieron que la meditación podría mejorar la toma de decisiones estratégicas y la resolución de problemas en entornos empresariales complejos.

En 2016, la Universidad de Pennsylvania realizó una investigación que concluyó que la meditación de atención plena mejora la claridad y la concentración mental, lo que podría contribuir a una toma de decisiones más efectiva.

Un tercer ejemplo es el estudio conjunto del Instituto

Europeo de Administración de Negocios (INSEAD) y la Wharton School, publicado en 2014, que sugiere que solo cuatro días de meditación a la semana de atención plena pueden mejorar la capacidad de los individuos para procesar información y tomar mejores decisiones.

Imagínate lo que puedes conseguir haciendo esto siete días a la semana.

Hemos escuchado muchas veces que, cuando decides con tu corazón, nunca te equivocas. Sin embargo, en numerosas ocasiones, muchas personas acaban divorciándose de quien, años atrás, aseguraban había sido el elegido con todo su corazón. El corazón también se equivoca, o tal vez el problema esté en que no sabemos escucharlo correctamente.

Considero que tu corazón errará con mayor facilidad si no estás llevando a cabo un plan mental para el éxito. También es cierto que puedes cometer una cantidad importante de errores cuando tomas decisiones de forma racional, así que lo único que te interesa es unir tu cabeza y tu corazón, juntar la razón y la emoción para elegir al mismo tiempo que utilizas este plan mental de éxito y riqueza.

Las personas de éxito visualizan sus éxitos todos los

días. Y la intuición es una de las formas que tiene tu mente inconsciente de facilitarte la vida o de perjudicártela.

Recuerda que tu mente inconsciente está conectada a través del inconsciente colectivo a todas las mentes de todas las personas del mundo, tal y como dijo Carl Gustav Jung. Pero, en realidad, está conectada a todo y a todos, según recoge la física cuántica, así que tu mente lo sabe todo.

Mi intuición funciona fatal, no obstante, funciona mejor cada año. Sobre todo en las grandes decisiones, como buscar un nuevo trabajo en otra ciudad o si hay que realizar una inversión a largo plazo, como comprar una casa, solemos utilizar expresiones del tipo «déjame que lo consulte con la almohada».

Desde la serenidad, es mucho más fácil tomar mejores decisiones que cuando estamos nerviosos o preocupados. Nuestra mente lógica es la encargada de bloquear la comunicación directa con el inconsciente.

Todo en esta vida va más allá de la percepción consciente y, si últimamente no has realizado un entrenamiento mental diario, tu día de hoy está abocado al fracaso.

Tu cerebro racional y consciente busca posibles peligros por todas partes para mantenerte vivo y a salvo, usa el miedo como recurso adaptativo. Todas las decisiones que tomes basándote en el miedo serán peores que las que tomes basándote en el amor. El amor y la riqueza están más allá del miedo, el amor y la riqueza son para valientes, y el entrenamiento mental te permite superar el miedo.

Cuando tomas una buena decisión, tu cuerpo se siente bien. Pero cuando tomas una mala decisión, tu cuerpo se siente mal. Por tanto, aprende a escuchar a tu cuerpo. Tus decisiones se sienten, sobre todo, en tu pecho y tus tripas.

Estamos en manos de nuestro inconsciente entre un 95 y un 99 por ciento del tiempo. Por eso, numerosos famosos y personas de éxito han declarado públicamente que meditan (Oprah Winfrey, Hugh Jackman, Novak Djokovic...).

Para poder acceder a la sabiduría infinita de tu inconsciente y ayudarte en la toma de decisiones, puedes aprender a realizar un test de respuesta muscular kinesiológica, a través del cual el cuerpo te responderá siempre con LA VERDAD.

Palabras mágicas para recordar

Puedes enfocarte en cualquier asunto de carácter divino. Ahora bien, si te centras en el problema, lo único que conseguirás es que este crezca.

14

¿Hemos venido aquí a disfrutar o a sufrir?

Hemos venido a disfrutar, por supuesto.

Pero, si ya somos seres divinos, ¿qué necesidad tenemos de disfrutar?

Y, si ya somos seres divinos, ¿qué necesidad tenemos de venir aquí o a ningún otro sitio?

Si hemos venido a disfrutar, ¿por qué no disfrutamos?

¿Qué hacemos aquí realmente?

Según el libro *Un curso de milagros*, las personas tuvimos un pensamiento que nuestro Padre no hubiera tenido jamás, un pensamiento de culpa o miedo. Esto nos produjo mucho estrés, producto del cual caímos dormidos. Por lo tanto, una de las explicaciones de qué hacemos aquí en la Tierra es que somos un ser divino, pero dormido. Lo único que tenemos que hacer es encontrar el camino de vuelta a casa y despertar.

Mientras tanto, podemos hacer de la Tierra el cielo, aunque también el infierno.

Nos ponemos pruebas a nosotros mismos para ayudarnos paso a paso a elevar nuestra consciencia, a conectar con quienes realmente somos, y todo ello para facilitar nuestro despertar.

Estamos viviendo en la Tierra una experiencia de separación en la que creemos que cada persona tiene un cuerpo y una vida diferente a nosotros, y pensamos que tenemos algo diferente a lo que tienen los demás; que nos hallamos separados entre nosotros. Esto es debido a que nuestro principal y casi único problema es que nos hemos separado de Dios Padre.

A través de la evolución y de la transformación interior, llegará un momento en que sentiremos unidad y unicidad con todo y con todos. Entonces, no veremos a las demás personas como seres independientes y separados de nosotros, sino que dejaremos de vivir esa separación, viviremos la experiencia de unicidad.

Nos hallamos viviendo en carencia, porque sentimos que no nos merecemos el amor del Padre porque tuvimos ese loco pensamiento. Producto de ese loco pensamiento de culpa o de miedo CREEMOS QUE ESTAMOS SEPARADOS DEL PADRE.

En la Tierra vivimos la culpa y el miedo, sentimos remordimientos por haber tenido ese pensamiento diferente al perfecto amor que somos, nosotros y el Padre, pero, al mismo tiempo, sentimos temor de abrir los ojos y ver que nuestro Padre está enfadado con nosotros, lo cual es imposible, puesto que somos sus amados hijos.

Que ocurra eso es imposible, pero así lo sentimos.

Todo lo negativo que experimentamos en nuestro mundo exterior, como, por ejemplo, la carencia, el no merecimiento, la falta de amor, la separación, el estrés, la culpa, el miedo..., es porque el mundo exterior nos está mostrando lo que tenemos que arreglar en nuestro interior.

El mundo exterior no es intrínsecamente malo, sino que, simplemente, nos estamos negando a entender su función de mostrarnos el camino. Nos resistimos y nos negamos a aprender estas lecciones sencillas que nos producirán rápidamente riqueza consciente y material en todos los sentidos.

Todo lo que percibimos como bueno en nuestro mundo exterior se debe a que tenemos muchas partes positivas en nuestro mundo interior y nuestra función es ampliarlas y mejorarlas.

Las experiencias que vivimos en la Tierra son pruebas que nos autoimponemos para conectar con nuestra pureza y perfección, de las que ahora nos hemos apartado.

Se cree que cuando pensamos bien y nos sentimos bien, el universo nos facilita experiencias mejores, y que cuando pensamos mal y nos sentimos mal, el universo nos proporciona peores experiencias. Pero no existe tal cosa: el universo es una fuente de puro amor y abundancia, solamente podemos sufrir cuando hacemos esfuerzos desesperados por desconectarnos de esa fuente infinita de suministro positivo.

Somos abundancia de forma natural.

Hay pocas cosas que aprender y estas son muy fáciles. Ahora que ya las sabemos, lo único que tenemos que hacer es practicar, practicar y practicar para que se integren y penetren profundamente en nuestro interior. Todo esto es posible hacerlo disfrutando y con riqueza.

Cuando vemos que todos somos solo una cosa, es más

fácil sentir amor y compasión por los demás, que en el fondo son yo mismo. Cuando sentimos que las otras personas son seres diferentes a mí y que no estoy unido a ellas de ninguna manera, es más fácil cometer el error de atacarlos.

En la Tierra, hay ocho mil millones de personas. Todos somos hijos de Dios, pero Dios solo tiene un hijo; por lo tanto, todos somos un solo ser.

Existen dos mundos, el mundo divino y el mundo terrenal. En estos momentos, estamos en el mundo divino en brazos de Dios Padre. Allí, junto a él, vivimos en el amor, sentimos el amor, nos damos amor, recibimos amor y nos expandimos en el amor.

Solo somos amor en un formato tan perfecto, tan elevado y divino que, aquí, el lugar en el que vivimos, no somos capaces ni tan siquiera de imaginarlo.

Estamos en continua expansión y avance. Por eso, en la Tierra, cuando nos resistimos a salir de nuestra zona de confort, estamos vulnerando la ley del crecimiento y de la expansión.

En este plano divino, somos iguales que Dios Padre, somos omnipotentes, todo lo podemos. Somos omnipresentes, estamos en todas partes y somos omniscientes, lo sabemos todo.

En este plano terrenal, podemos encontrarnos sufrimiento, sacrificio, esfuerzo, enfermedad, carencia, dualidad, culpa, miedo a la muerte... Sin embargo, cuando aplicamos este plan mental, es posible vivir una experiencia dominada por el amor, la compasión, el conocimiento, la libertad, el disfrute, la inocencia, la pureza y la riqueza, que, además, es la verdad en relación con lo que somos.

Conocerás la verdad y la verdad te hará libre. Por lo tanto, lo otro, el sufrimiento, es mentira. «Solo existe lo que no te perturba», nos dice *Un curso de milagros*. Simplemente, tenemos que elegir cada día y en cada momento entre el ego o el amor, entre la verdad y la mentira.

Para poder disfrutar de la capacidad de elegir, es muy importante empezar con la primera parte de este plan mental terrenal, que consiste en visualizar, estudiar y perdonar.

El ego, nuestra parte errada, nos hace creer que, para ser felices, tenemos que sacrificar algo, mientras que nuestro ser nos ofrece todo y nos lo ofrece sin esfuerzo.

El mundo divino y el mundo terrenal no pueden ser verdaderos los dos a la vez. Por ejemplo, si yo soy omnisciente y lo sé todo, ¿por qué en este plano terrenal me equivoco tantas veces? Y si soy omnipresente y estoy en todas partes, ¿cómo es posible que yo habite un cuerpo que solo me permite estar en una parte a la vez? Por lo tanto, toda esta experiencia terrenal, dependiendo de cómo se mire, puede ser totalmente absurda para un ser divino con capacidades infinitas como nosotros.

Imagino que ya todos iréis viendo que el único mundo real es el mundo divino y lo único real son nuestras características divinas. Como consecuencia, este mundo terrenal es un sueño, es una ilusión. Este mundo no existe, pero, como tiene una apariencia muy real y, además, estamos aquí por algo y para algo, pongámosle amor.

De ahora en adelante, cuando creas que tienes un problema, verás que solo tienes dos caminos ante ti: el camino difícil del ego, que promete mucho pero nunca cumple, que no soluciona nada, pero te exige sacrificio, esfuerzo y sufrimiento; y el camino del ser, el camino fácil y que lo resuelve y lo soluciona todo.

A partir de ahora, cada vez que creas que tienes un

problema, le pondrás amor, porque, entre otras cosas, nuestra verdadera esencia es solo amor y únicamente disponemos de esa herramienta que es el amor. Preocuparse por algo es un tipo de programación negativa, que además tiende a bloquear toda tu creatividad divina y todas tus ideas inspiradas.

Existen numerosas formas de poner amor en la Tierra: en tu cuerpo, a través de una alimentación sana y consciente, ejercicio físico saludable y también consciente; en tu mente terrenal, adquiriendo conocimiento y sabiduría, mediante visualización, meditación y estados elevados de conciencia. Como puedes ver, volvemos al plan mental terrenal, pues, seguramente, no hay otro camino positivo para ti.

Solo somos amor.

Todos somos seres pensantes y sintientes. Con toda seguridad, procedemos de un solo ser, el hijo de Dios, que se individualizó, que se separó en muchos seres pensantes, para disfrutar más o para resolver mejor la cuestión que quería resolver. Así que es muy probable que ese único ser nos esté soñando, bien para disfrutar más, bien para resolver mejor la cuestión que quiere resolver.

Para poder llevar a cabo este juego, relativamente sencillo, que nosotros mismos hemos organizado desde otro plano, es imprescindible que se cumplan dos condiciones: la primera es que, para estar aquí, tenemos que olvidar nuestra naturaleza y nuestras capacidades divinas; y la segunda, que debemos tener libertad para tener buenos pensamientos y adquirir conocimiento y vivir mejor, o para tener peores pensamientos y vivir peor.

Sin esas dos condiciones, este campo de juego, este parque de atracciones quedaría desvelado: perderíamos la posibilidad de vivir y sentir el nacimiento de nuestro hijo, un beso de amor, un amanecer en un lugar maravilloso junto a la persona amada, viajar y conocer a gente nueva, lugares distintos, comidas distintas, costumbres distintas... Disfrutar de convertirnos en personas mejores cada día.

Otra forma de ver esto es según las enseñanzas de Abraham. En sus libros, Esther y Jerry Hicks nos revelan las conversaciones que tuvieron con Abraham Hicks. El proceso de cocrear es divertido y no hemos venido a otra cosa más que a disfrutar.

Abraham es descrito como un grupo de entidades no

físicas que transmiten mensajes de sabiduría y guía espiritual. Abraham enfatiza la importancia de prestar atención a las emociones como guías para evaluar nuestra calidad de vida presente y hacia la que nos dirigimos: una vida mejor o una vida peor.

Me llama mucho la atención que Abraham nunca habla del ego ni de que estamos aquí para resolver nada. Para aprender algo, para salir de una mala situación en la que nos hemos metido, Abraham simplemente nos explica, de muchas formas fáciles, cómo disfrutar más entendiendo cómo funciona todo. Por lo tanto, ¿qué hacemos aquí, según Abraham? Pues tan solo crear y manifestar gozosamente.

No hay culpa, no hay miedo, no hay ego.

Abraham Hicks nos enseña que somos seres divinos y libres, lo que significa que tenemos un poder creativo ilimitado para dar forma a nuestra realidad. También sostiene que cada individuo es una extensión de la energía pura y positiva del universo.

Aparte de su «escala emocional» y sus «diecisiete segundos para manifestar», a mí me emociona mucho la historia de cómo cada día elaboramos metafóricamente una tarta. En la mesa hay ingredientes de todo tipo, algunos buenos y otros no tan buenos. Somos cocineros divinos y tenemos el poder de elegir los mejores ingredientes. La tarta nos puede salir riquísima; si hoy no nos ha salido muy buena, es únicamente porque hemos elegido malos ingredientes. No pasa nada, podemos seguir probando y aprendiendo, cada día nos saldrá mejor.

Imagina que sobre la mesa hay harina, azúcar, levadura, chocolate, mantequilla, leche, pero también hay sal, arena, zarzas con pinchos, frutas podridas. Resulta que hoy has preparado una tarta horrorosa que contiene arena, sal y pinchos. De este modo, hoy pensarás que la vida se está portando mal contigo, pero lo único que tienes que hacer mañana es elegir mejor los ingredientes. En esta vida hay de todo, solamente tienes que aprender a elegir.

Abraham nos invita a reflexionar sobre el poder de nuestras elecciones diarias y la importancia de enfocarnos en pensamientos y emociones positivas, para crear así una vida plena y satisfactoria.

Palabras mágicas para recordar

Todo contra lo que luchas crece, todo a lo que le dedicas atención recibe energía para sobrevivir y crecer. Así que enfócate solo en lo que te emociona, en lo que te gusta y en lo que deseas.

15

Versión nueva del perdón

Mahatma Gandhi dijo: «Los débiles jamás pueden perdonar. El perdón es un atributo de los fuertes».

Sin duda, practicar el perdón es tarea complicada, pero no hay nada más cierto que el que no perdona no avanza, sino que se queda estancado en el resentimiento que puede producir enfermedades. Perdonar es muy importante para seguir caminando, para no sufrir, para no enfermar. Como dijo Michael Beckwith, «el perdón es primordial para nuestro crecimiento, desarrollo y revelación espiritual».

Perdonar sí, pero ¿cómo?

En muchas ocasiones, me he referido al perdón como el

nuevo perdón, el perdón verdadero, el perdón de Dios, el perdón de *Un curso de milagros*, el perdón del Espíritu Santo, el divino perdón. Sin embargo, su nombre correcto es simplemente «el perdón».

En el perdón antiguo, le decíamos a alguien que nos había ofendido: «Te perdono». Pero, en el perdón antiguo, hay varias cosas que no están bien enfocadas, pues ese perdón considera que yo soy bueno y tú eres malo, te coloco en un nivel inferior al mío y procedo a juzgarte.

Cuando juzgas a alguien, estás teniendo un pensamiento, el propio de un hijo de Dios, pero que Dios no hubiera tenido.

Juzgar a otra persona es una forma de autoataque, puesto que solo vemos en el otro nuestras propias proyecciones, cuestiones que no hemos afrontado en nosotros mismos, que no hemos resuelto en nosotros, incluso heridas que ni tan siquiera sabemos que tenemos.

Cuando condenas, culpas o juzgas a alguien, estás intentando evitar a toda costa el aprendizaje que conlleva esa situación.

La otra persona solo es un actor en tu obra de teatro, solo es un maestro o un mensajero que viene a enseñarte algo, con quien has negociado antes de venir a esta vida para tener estos aprendizajes.

Esos duros aprendizajes que a veces nos trae la vida en forma de pruebas difíciles o de desafíos, se pueden evitar, disminuir o minimizar, precisamente, estudiando y perdonando. Porque, si todo esto ocurre para que aprendamos y ya estamos aprendiendo, esas arduas pruebas ya no serán necesarias y desaparecerán de nuestro camino.

Por lo tanto, el perdón de *Un curso de milagros*, el perdón interior, nos proporciona una experiencia de vida más liviana al disolver las culpas, las causas que teníamos preparadas para futuras desgracias.

El perdón antiguo pone el foco en el exterior para no conseguir resolver nada, mientras que el nuevo o verdadero se centra en el interior, que es donde está la causa de todo.

El perdón antiguo busca «matar al mensajero» en vez de ver el milagro.

Cuando vemos en nuestro exterior una situación, una persona o algo que nos perturba, la primera consecuencia es que perdemos la paz. Recordemos que la paz es nuestro principal tesoro: si no tenemos paz, no somos capaces de conectar con la información de nuestros planos superiores.

La ausencia de paz actúa como un bloqueo generaliza-
do; entre otras muchas cosas, bloquea nuestra conexión con
nuestra divinidad y con la manifestación consciente y deliberada. Cuando estamos en ese estado, los principales inte-
resados en resolver lo que ha provocado esa situación en
nuestro interior somos nosotros mismos. Por lo tanto, usamos la situación exterior para hacernos conscientes de que
hay algo que tenemos que resolver y perdonar en nosotros.

Algunas de las características de este perdón son:

1. Es interior y es autoperdón.
2. Nos proporciona la percepción correcta y tener una
   visión más real.
3. Nos aporta paz, pues cambia nuestra percepción
   densa por otra más liviana.
4. Nos provee de una experiencia de vida más ligera.
   Va a la causa, la expone a la luz de la verdad, la libera y la desactiva.
5. Usamos la figura del Espíritu Santo para que nos
   ayude en todos estos procesos.
6. Es la herramienta más efectiva para deshacer la ilusión y volver a casa antes.

Podemos empezar perdonando todo lo que nos perturba y nos quita la paz. Sin embargo, al final de todo eso, lo único que tenemos que perdonar es nuestra creencia de separación de Dios Padre y la ilusión, el sueño, debido a que creemos que estamos viviendo una vida real, material, habitando la Tierra, creyendo que tenemos un cuerpo que puede sufrir y enfermar.

También podemos soñar que habitamos un mundo, que refleja la divinidad, la unicidad y el amor que somos, lleno de disfrutes, éxitos y riquezas.

La «correcta percepción» es un concepto central en *Un curso de milagros*. En este contexto, la correcta percepción se refiere a ver por encima de las apariencias externas y reconocer la verdad subyacente que está más allá de las ilusiones del mundo físico. Aquí van algunos puntos clave relacionados con la correcta percepción, según los principios de *Un curso de milagros*:

1. Mirar más allá de las apariencias: la correcta percepción reconoce que las apariencias externas no son la realidad última.

2. Ver con los ojos del amor: implica ver a los demás

con compasión y amor, por encima de sus errores aparentes, reconociendo la chispa divina que todos comparten.

3. Trascender el juicio: la correcta percepción supone liberarse del juicio y la condena, y asumir que lo que parece ser un error externo no es más que una manifestación de la confusión y la falta de amor.

4. Ver la unidad en lugar de la separación: es decir, ver la conexión subyacente entre todas las cosas, superando la ilusión de la separación que domina la percepción egoísta.

5. Reconocer la realidad espiritual: reconocer que la verdadera realidad va más allá de lo físico y material, conectándonos con la realidad espiritual y eterna.

Esencialmente, la correcta percepción en *Un curso de milagros* es un cambio en la forma en que vemos el mundo, de modo que pasamos de una perspectiva basada en el miedo, la separación y el juicio a otra basada en el amor, la unidad y el perdón. Este cambio en la percepción es fundamental para la práctica de los principios del curso y la búsqueda de la paz interior.

Cuando creemos que tenemos un problema, lo que tenemos es un error de percepción, puesto que un hijo de Dios no puede padecer tal cosa. Si conseguimos la correcta percepción, veremos que ese supuesto problema, en realidad, es una vivencia y un aprendizaje. A partir de ahí, tendremos una emoción más liviana con todos esos «problemas» que se nos presentan en la Tierra.

Un curso de milagros nos recuerda que todo esto es una ilusión, que lo estamos viviendo por algo y para algo. De todas formas, el hijo de Dios no puede ser culpable de nada, tampoco puede pecar. Todo lo que estamos viviendo son, en realidad, experiencias y aprendizajes. En consecuencia, no existe la culpa ni los culpables, no hay pecado ni pecadores. Entonces, el perdón no tiene nada que perdonar, ya que no hay pecado. Sin embargo, es la única herramienta que *Un curso de milagros* nos aconseja usar continuamente para deshacer esta ilusión de culpa, de pecado y de miedo.

Desde este punto en adelante, podemos ver esta experiencia terrenal con los ojos del amor, con los ojos de la verdad, con la correcta visión y percepción y podremos hacer el cielo en la Tierra.

Decía Louis Hay que «el perdón es un acto de amor a

nosotros mismos». Y es que el perdón es un acto de liberación interior, personal e individual. Si en algún momento de nuestra vida nos hieren profundamente, nuestra prioridad será autoperdonarnos por la culpa de sentir que, de alguna manera, lo hemos permitido, por el miedo y la preocupación a que se repita e incluso a que lo haga con mayor gravedad, de tal forma que la persona que te causó el daño no participa para nada en este proceso. No sabe nada de esto.

En el perdón antiguo, a veces, se llamaba a la otra persona para pedir disculpas, para pedirle que te perdonara, para decirle que le habías perdonado. También, a veces, escribías cartas de perdón. Desde este nuevo enfoque, vemos que todo esto es contraproducente porque saca el foco de atención al exterior, cuando en el exterior no está la causa que hay que resolver, en el exterior solamente está la proyección de nuestro conflicto interior.

¿Es posible que, al final de este proceso, sientas en tu interior un profundo agradecimiento hacia esa persona que te facilitó esta experiencia desagradable por el aprendizaje que te permitió vivir y por el perdón que pudiste practicar?

Porque «cuando uno no sana sus heridas —decía Anaïs Nin—, se pasa toda la vida sangrando encima de otras personas».

Todos somos inocentes y condenar al otro significa condenarnos a nosotros mismos.

El mundo no cambiará para que tú experimentes paz.

Un curso de milagros presenta una perspectiva particular sobre el Espíritu Santo, que es considerado como una guía interna, una voz dentro de la mente que nos lleva hacia la verdad y el amor. He aquí algunas características clave del Espíritu Santo según aquel libro:

1. Guía interna: el Espíritu Santo se presenta como una guía interna que está siempre disponible para dirigirnos y ayudarnos en nuestras decisiones cotidianas.

2. Voz del amor y la verdad: el Espíritu Santo se comunica a través de una voz suave que promueve el amor, la paz y la verdad. Contrasta con la voz del ego, que generalmente está asociada con el miedo, el juicio y la separación.

3. Intermediario entre Dios y el ego: en la enseñanza del curso, el Espíritu Santo actúa como un media-

dor entre la verdad de Dios y la ilusión del ego. Ayuda a deshacer la creencia en la separación y nos guía de regreso a la conciencia de nuestra unidad con Dios.

4. Facilitador del perdón: el Espíritu Santo juega un papel central en el proceso de perdón, según *Un curso de milagros*. Ayuda a cambiar nuestra percepción, permitiéndonos ver más allá de las apariencias y abrazar la unidad y el amor en lugar de la división y el miedo.

5. Presente en cada mente: el Espíritu Santo está presente en la mente de cada persona, independientemente de su sistema de creencias o religión. Su función es ayudarnos a recordar nuestra verdadera identidad espiritual.

Es importante destacar que *Un curso de milagros* utiliza una terminología cristiana, pero su enfoque pretende reinterpretar y despojar de dogmas tradicionales esos conceptos para ofrecer una perspectiva no dualista y centrada en el amor.

El Espíritu Santo es nuestra mente recta, perfecta, sana, completa, la parte de nosotros que no ha olvidado que somos un ser divino, al contrario que el ego, que es nuestra mente errada.

Recuerdo el caso de una mujer de cincuenta y cinco años, que cuidaba de su madre, de ochenta, con una salud ya muy deteriorada. Aquella mujer me dijo en una ocasión que el perdón no funcionaba porque ella había perdonado a su madre varias veces y su madre seguía siendo perversa y cruel como siempre había sido.

Uno de los grandes errores que podemos observar en este caso, que todos cometemos muy a menudo, es practicar el perdón con la expectativa de que el otro cambie.

El perdón te cambia a ti por dentro y, por lo tanto, modifica la forma en la que ves el mundo que te rodea. Cuando practiques el perdón, serás capaz de pacificar tu relación con todo, lo que es lo mismo que pacificar la relación contigo mismo.

William Paul Young, autor de la novela *The Shack* (*La Cabaña*), escribió que «no perdonar es como beber veneno y esperar que el otro muera».

Otro de los grandes errores que se aprecia en el ejemplo es que esta persona perdona a su madre, cuando, en realidad, lo que tiene que hacer es perdonarse a sí misma por la relación disfuncional que mantiene con la madre, por perturbarse y perder la paz debido a esa situación, por haber pensado que su madre es perversa y cruel en vez de analizar el motivo y para qué está viviendo esa experiencia, esa situación.

Para poder practicar correctamente el perdón y la expiación, es importante realizar un ejercicio de varios puntos. Solamente si los seguimos, podremos avanzar correctamente.

1. Reconocimiento de la ilusión: *Un curso de milagros* sugiere que el mundo que percibimos a través de los sentidos es una ilusión y que las apariencias externas no reflejan la verdad. Además, nos pide que identifiquemos la causa de lo que nos perturba. Es muy importante reconocerlo y aceptarlo. Puede ser un resentimiento, una herida pasada o cualquier otra cosa que cause malestar en nuestra vida. Podemos entregarlo y soltarlo repitiendo frases como: «recuerdo que esto es un sueño», «recuerdo que estoy soñando», «recuerdo que puedo elegir soñar con un mundo de amor en vez de con un mundo

perturbador», «me perdono por soñar y proyectar estas escenas perturbadoras». Recuerda que debes convertirte en un «maestro de sueños» y diseñar los sueños que desees. Un hijo de Dios no puede pedir ni desear nada, pero puede soñar con lo que quiera.

2. Aceptar la responsabilidad: reconocer que nuestras percepciones y reacciones son el resultado de nuestras elecciones y creencias internas. Esto es, aceptar la responsabilidad de nuestra experiencia. Podemos repetir frases como: «me perdono a mí mismo porque no lo he sabido hacer mejor en esta situación o con esta persona», «me perdono porque me estoy atacando (me ataco cuando juzgo a otro o cuando pierdo mi paz)», «me perdono porque estoy dando credibilidad a un mundo malo en vez de a un mundo bueno y lleno de amor».

3. El perdón como corrección de percepción: el curso enseña que el perdón es una corrección de la percepción. Implica ver más allá de las apariencias externas y reconocer la verdad subyacente, que es la realidad espiritual. Reconoce que tu percepción puede estar nublada por el ego y que hay una nece-

sidad de corrección. Repite frases de este tipo: «me perdono porque me he creído separado de Dios», «me perdono porque me he olvidado de mí», «me perdono porque me he atacado a través de esta situación».

4. Dejar ir el juicio: el perdón implica liberarse del juicio y la condena hacia uno mismo y hacia los demás. Dejar de ver errores y pecados en otros y en uno mismo. Podemos repetir: «yo, en tu lugar, hubiera hecho lo mismo (porque, en tu lugar, sería tú y no sería yo)». Para poder experimentar aprendizajes, hemos creado un mundo de diversidad; todos somos aparentemente diferentes, pero nuestro ego quiere tener la razón y considera que los demás deben ser y hacer lo que nosotros consideramos.

5. Entender que no hay pérdida real: reconocer que, desde la perspectiva del curso, no hay pérdida real, ya que la realidad espiritual es eterna. Puedes repetir frases como: «Espíritu Santo, te permito que anules las consecuencias de mis decisiones equivocadas», «yo soy el hijo amado de Dios y Dios no quiere que yo sufra por esto».

6. Pedir la ayuda del Espíritu Santo: *Un curso de milagros* te enseña a pedir la ayuda del Espíritu Santo, que es como una guía interna que nos lleva a una percepción más allá de las apariencias ilusorias. Podemos repetir frases como: «te lo entrego todo, Espíritu Santo», «confío en tu fuerza, gracias». Sé consciente de que eres capaz de cambiar tu percepción y elegir un camino diferente.

7. Practicar la constancia en el perdón: el curso enfatiza la necesidad de practicar el perdón de manera constante. No es un evento único, sino un proceso continuo. Puedes repetir frases como: «me perdono porque no estoy en paz», «Espíritu Santo, ayúdame a ver el milagro en esta situación», «me libero de vivir esta creencia que no proviene de Dios».

Pensando en esa situación que nos perturba y que queremos resolver, debemos repetir las frases anteriores para tomar conciencia de que somos seres divinos. Aunque estemos viviendo una experiencia terrenal que nos limita en cierta manera, al mismo tiempo, contamos con el Espíritu Santo, al que se lo entregamos todo.

Una vez que nos hemos autoperdonado de algo, podemos optar por no volver a hacerlo nunca más, puesto que esto implica que dudamos del resultado o que estamos preocupados, lo cual es lo mismo que dudar de nuestra propia divinidad, de nuestra mente recta, del Espíritu Santo.

Debemos tener fe en que la curación, por este medio, siempre tiene lugar.

También podemos repetir esas frases en relación con un mismo tema, pero deberemos esperar unos tres o cuatro días para que nos dé tiempo a ver cómo sentimos una emoción cada vez más liviana y una visión más clara.

Practica constantemente la corrección de tu percepción y la elección de pensamientos basados en el amor en lugar del miedo.

Practica la humildad al reconocer que tu verdadera identidad va más allá de los errores pasados y que estás en un camino de crecimiento y transformación.

Ten presente que estas son interpretaciones generales y que el enfoque del curso es profundamente espiritual y no necesariamente lineal. Cada estudiante del curso puede interpretar y aplicar estos principios de manera única. Por ello, es recomendable leer el texto directamente.

No veremos a otra persona cometer un pecado más que a través de la proyección de nuestros propios pecados. Hay una frase muy esclarecedora que lo define muy bien: «te perdono por mis pecados», y con ella volvemos de nuevo al principal trabajo que tienes que hacer para lograr tu plenitud, que es, en primer lugar, un trabajo interior: perdonar y estudiar, principalmente.

Para sintonizar con la idea de que todo lo que ocurre es perfecto, puedes repetir el siguiente texto: «gracias, Espíritu Santo, porque cada día recibo, vivo y tengo lo correcto, lo perfecto y lo adecuado para mi mayor bien (para experienciar lo que tengo que experienciar y para aprender lo que tengo que aprender); también para el mayor bien de todos los implicados y en armonía con el universo».

Otras palabras que podemos pronunciar en la mañana son las siguientes: «Espíritu Santo, por favor, encárgate hoy de mi día, de mis pensamientos y acciones, porque quiero seguirte, porque estoy seguro de que tu dirección me da paz. Hoy no tomaré decisiones por mi cuenta, hoy quiero experimentar la paz por encima de todo».

No hay paz sin perdón. Y no olvidemos, en ningún momento, que perdonar no es un acto, sino un proceso.

Te dejo aquí algunas frases para practicar y cultivar el autoperdón pensando en la persona o la situación que nos ha perturbado:

1. Yo, en tu lugar, hubiera hecho lo mismo.
2. Me perdono a mí mismo porque no lo he sabido hacer mejor.
3. Me perdono a mí mismo porque me estoy atacando.
4. Me perdono a mí mismo porque estoy dando credibilidad a un mundo malo en vez del mundo bueno.
5. Recuerdo que esto es un sueño y que estoy soñando.
6. Perdono estas escenas que estoy proyectando.
7. Me perdono a mí mismo por proyectarlas.
8. Te lo entrego todo, Espíritu Santo.
9. Confío en tu fuerza.
10. Gracias, Espíritu Santo.

Y, para después del auto perdón, podemos repetir las siguientes frases en muchos momentos del día, cuando nos venga a la mente ese pensamiento perturbador que ya hemos perdonado previamente:

1. Esto ya está entregado.
2. Esto no es la voluntad de Dios.
3. Estoy preparado para ver el milagro en esta situación.
4. Dios no quiere que sufra por esto.

Palabras mágicas para recordar

Todo proceso de sanación es un proceso de transformación interior. Si siempre haces lo mismo, siempre vivirás lo mismo y recibirás lo mismo. Si quieres llevar una vida diferente con más salud, más amor y más dinero, debes hacer cosas diferentes.

16

Visualizar premios cada día

Hay dos tipos de meditación: la meditación activa y la meditación pasiva. Consideramos la visualización como un tipo de meditación activa.

Todos los beneficios de la meditación son aplicables a ambos tipos de meditación. Por lo tanto, la visualización creativa nos proporcionará, además de una alineación mental con escenas de éxito y riqueza, las siguientes ventajas:

1. Reducción del estrés.
2. Mejora de la concentración.
3. Menor presión arterial.

4. Mejora del bienestar emocional.

5. Estimulación de la creatividad.

6. Elevación del sistema inmunológico.

7. Mejora del sueño.

8. Mayor calidad de vida.

9. Claridad mental.

10. Etcétera.

Estamos hablando siempre de visualización creativa de escenas mentales positivas, debido a que, por desgracia y por desconocimiento, nos pasamos casi todo el día imaginando y visualizando, de una forma inconsciente, futuros potenciales horrorosos. Y así nos va de mal después la vida.

Puede resultar absurdo que un hijo de Dios como nosotros tenga que meditar o visualizar para vivir mejor. Sin embargo, como vivimos esta experiencia terrenal por algo y para algo, como tenemos una mente terrenal que nos interesa trabajar, como lo único que somos es amor, lo que hacemos es poner amor en nuestra mente a través de la visualización creativa. Así, mejoraremos la experiencia que nuestra mente terrenal nos va a proporcionar.

Alcanzar un estado de consciencia elevado es mucho mejor que meditar o visualizar. Pero empecemos por lo fácil, empecemos por el principio.

Hay dos ejercicios fantásticos en relación con la visualización creativa. El primero consiste en cerrar los ojos, lo que te sacará de inmediato de este mundo material, aparentemente verdadero, pero que no es verdadero, para entrar en un mundo mental, donde puedes crear pensamientos y que estos sean malos o buenos, rectos o errados, alineados con tu verdadero ser, alineados con el amor, el disfrute, el éxito y la riqueza o alineados con la mentira, pensamientos de sufrimiento, conflicto, dificultad, miedo, peligro, ansiedad.

Aquí reside tu único y verdadero albedrío, la capacidad de elegir tus pensamientos. A partir de ahí, tu vida ya habrá tomado una dirección que no serás capaz enderezar.

El segundo ejercicio consiste en que, para hacer visualizaciones creativas, antes debes definir escenas mentales asociadas a tus metas y objetivos, relacionadas con cosas que deseas y que te producen emociones elevadas. De este modo, nos obligamos a enfocarnos en algo concreto, lo cual es muy bueno para nuestra vida terrenal. Las personas con metas y objetivos alcanzan muchas más metas y objetivos, disfrutan más.

Se puede meditar con los ojos abiertos o con los ojos cerrados, se puede meditar sentado, tumbado, incluso se puede meditar andando. Pero aquí nos vamos a centrar en la meditación con los ojos cerrados y, principalmente, sentados.

Ten en cuenta que no vas a manifestar lo que visualizas, vas a manifestar lo que eres. Las personas tienen asociada la visualización creativa a la manifestación deliberada y consciente, al deseo de conseguir cosas. La visualización te ayuda a manifestar cosas mejores, pero no tiene por qué haber una relación directa entre visualizar algo y conseguir ese algo concreto.

Aconsejo seguir el plan mental completo, descrito en páginas anteriores, pues únicamente visualizar servirá de poco.

Te recuerdo que las expectativas son bloqueos a la manifestación, por lo que yo siempre hablo de visualizar sin expectativas. Aunque, por supuesto, la visualización mantenida en el tiempo de algo concreto aumenta la probabilidad de que eso se produzca, pero, sobre todo, nos produce emociones elevadas y nos conecta con mundos mágicos. Esta es la verdadera cuestión importante de la visualización creativa.

La visualización creativa debe ser diaria y hacerse todos los días durante toda la vida. Si la haces tres veces al día, es mejor que una sola vez. Como mínimo, debe durar diez minutos por la mañana, aunque si solo puedes dedicarle dos minutos algún día, mejor eso que nada.

La visualización perfecta requiere contar con un ambiente tranquilo, una relajación profunda, visualizar con detalles, incorporar emociones, visualizar a color e integrar personas conocidas en las escenas para darle más credibilidad.

Debes agradecer anticipadamente, visualizarte en un momento en el tiempo en el que todo ya se ha resuelto satisfactoriamente, visualizar mezclando escenas de cosas que deseas y que no se han producido nunca en tu vida hasta el momento y, todo ello, mientras intercalas en tu mente cosas maravillosas que sí se han producido.

Visualizar cuando nos hallamos integrados en la escena es mucho mejor que hacerlo disociados.

Si tu mente lo cree, tu mente lo crea.

Si alguna de estas cosas o varias de ellas te resultan difíciles y no se producen en tu visualización creativa, no te preocupes: simplemente, sigue visualizando y cada vez te saldrá mejor que la anterior.

Hay que incluir escenas divertidas en las que te lo pasas bien. Para ello, visualiza escenas que te emocionen el alma y que te alegren el corazón. Visualiza también escenas previamente diseñadas por ti y alineadas con tus metas y objetivos; estas escenas se pueden ir cambiando con el tiempo, pero tampoco es recomendable cambiarlas cada día.

La repetición de escenas que no se están produciendo en estos momentos en tu vida y que tú deseas que se produzcan como, por ejemplo, una vida con más amor o con más dinero, genera que tu mente se familiarice con esas escenas. Esto no te garantiza nada, pero facilita que, en algún momento, puedan hacerse realidad al crearse esa familiaridad mental.

Si esas situaciones que anhelas no se están produciendo ahora mismo en tu vida, es debido a los programas y creencias limitantes grabados en tu interior previamente por ti o por otras personas de tu clan familiar, en cualquier momento del pasado. Por ello, si logras alcanzar una vida mejor, también habrás sido capaz de desbloquear aquello que te impedía conseguirla.

La visualización desbloquea programas limitantes.

Tu mente vive en el pasado. Guarda las experiencias, sobre todo, las más peligrosas y traumáticas, porque así cree que tiene una colección de recursos importantes para salvarte la vida, en el caso de que te ocurra algo malo.

Muchas personas creen que el principal bloqueo para mejorar en la vida es el miedo al fracaso. Sin embargo, por extraño que nos parezca, el principal bloqueo es el miedo al éxito, puesto que, cuando fracasas, tu vida sigue igual que siempre, que es lo que a tu mente terrenal le gusta. Pero cuando tienes éxito, tu vida cambia, algo que a esa mente terrenal no le agrada.

Los principales motivos por los que sufres bloqueos al éxito son dos. En primer lugar, porque cuando tienes éxito, y a pesar de que eso supone una mejora, tu vida se convierte en algo diferente a lo que tenías hasta ese momento, es una vida desconocida para ti. Tu mente terrenal e inconsciente asocia lo desconocido con posibles peligros y no le gusta, lo evita a toda costa.

El segundo motivo es que tu mente automatiza todos los procesos para ahorrar energía. Así, cada pensamiento nuevo, cada modificación en tus hábitos de vida, cada novedad que aparece en tu vida le obliga a crear redes neuronales nuevas, a asumir un gasto energético para automatizar todo lo nuevo. Tu mente terrenal busca ahorrar energía para tener reservas por si sobreviene algún peligro inesperado, así que tu mente evita los cambios, aunque sean cambios para mejor.

Recuerda que tu mente terrenal está preparada para sobrevivir en la prehistoria.

Si no eres capaz de entender cómo funciona tu mente, si no eres capaz de superar todos los retos y desafíos que se te presentan en cada momento, entonces, tampoco eres merecedor de la mejor vida que tendrás si manejas adecuadamente todo lo que te ocurre.

Cuando logras tener una vida mejor llevando a cabo este plan mental, lo que estás consiguiendo, lo que estás haciendo en realidad es la única y mejor manera posible de reprogramación mental. Lo que quiero decir es que, para manifestar una vida distinta, debes reprogramar y cambiar en tu mente los programas, pensamientos y creencias que te estaban impidiendo conseguirla.

Obtener una vida mejor quiere decir que has llegado a donde antes no podías llegar, lo que significa que has roto los bloqueos que te lo impedían. Este es uno de los principales motivos por los que siempre aconsejo enfocarse en objetivos, tanto terrenales como divinos. Resulta muy productivo y también desbloquea.

Cuando trabajamos en los bloqueos y en los traumas del pasado, es fácil que logremos éxito y que resolvamos esos asuntos por cerrar de alguna manera. Sin embargo, esos conflictos van a seguir apareciendo de forma infinita. Por eso, aconsejo visualizar y estudiar, enfocarnos en el futuro y solo dedicarle atención al pasado a través del divino perdón, únicamente cuando estos pensamientos negativos aparezcan. Cuando trabajamos y nos enfocamos en los traumas del pasado, al mismo tiempo que los sanamos, también les estamos proporcionando energía y los estamos reviviendo.

En el Libro, encontramos pasajes y frases con enseñanzas eternas que han ayudado a las personas tanto en el momento en que se escribieron como en nuestra época actual. Por ejemplo, las palabras «dejad que los muertos entierren a los muertos» provienen del Evangelio de Mateo en el Nuevo Testamento. La cita exacta se recoge en Mateo 8:22 (aunque también se menciona en Lucas 9:60). Jesús pronuncia esta frase en respuesta a un hombre que le pide permiso para enterrar a su padre. Hay diferentes versiones de la respuesta de Jesús y otra de ellas es: «Sígueme y deja que los muertos entierren a sus propios muertos».

La frase tiene varias interpretaciones posibles, como que priorices lo espiritual a lo material, que dejes el pasado en el pasado, que moverlo no resulta productivo, que hay que recordar que las preocupaciones mundanas te distraen. Visualiza tus éxitos cada día, entrenando tu mente y haciendo un mundo mejor.

Las palabras «la mujer de Lot miró hacia atrás y se convirtió en una columna de sal» proceden del libro del Génesis (19:26), específicamente, del relato sobre la destrucción de Sodoma y Gomorra. La historia recoge cómo Lot, su esposa y sus dos hijas fueron advertidos por dos ángeles de la inminente destrucción de las ciudades de Sodoma y Gomorra debido a la maldad de sus habitantes. Se les ordenó no mirar atrás mientras huían para salvar sus vidas. Sin embargo, la mujer de Lot desobedeció la orden y volvió la vista hacia atrás, transformándose en una columna de sal.

Una de las muchas interpretaciones de este pasaje es que, si miras hacia atrás, nunca avanzarás, nunca saldrás de donde te encuentras.

Recuerda que nuestra naturaleza divina incluye la expansión en el amor: somos seres expansivos, preparados para desarrollarnos y avanzar siempre. No hacerlo supone ir en contra de nuestra propia esencia, implica ir en contra de la ley de la expansión con graves consecuencias.

Cada día, al cerrar los ojos, visualizaremos cosas maravillosas alineadas con nuestras metas y objetivos. Nuestras metas y objetivos son los mismos para todo el mundo. En un nivel básico, terrenal y *egoico*, visualizamos y deseamos tener una casa, un coche, dinero, trabajo, viajes, pareja, salud, amor, casarnos, un bebé.

A continuación, se relacionan una serie de visualizaciones, según los objetivos:

Éxito profesional:

- Ascenso profesional: visualizar un ascenso en el trabajo, alcanzar una posición de liderazgo o lograr reconocimiento y éxito en la carrera profesional.
- Logro de metas laborales: ver el cumplimiento de metas laborales, como cerrar un trato importante, lanzar un proyecto exitoso o recibir un premio por el trabajo realizado.

Éxito financiero:

- Libertad financiera: visualizar la estabilidad económica, la independencia financiera y la capacidad de disfrutar de la vida sin preocupaciones monetarias.
- Logro de metas económicas: imaginar la consecución de objetivos financieros, como comprar una casa, viajar o retirarse cómodamente.

Éxito académico:

- Graduación y reconocimiento: ver cómo nos graduamos en una institución educativa, obtenemos títulos académicos y recibimos reconocimientos por el rendimiento académico excepcional.

- Desarrollo profesional: escenificar en nuestra mente el crecimiento y desarrollo continuo a través de la educación y la adquisición de nuevas habilidades.

Éxito personal:

- Relaciones saludables: imaginar relaciones personales sólidas y saludables, incluyendo amistades duraderas, relaciones familiares positivas y relaciones románticas satisfactorias.
- Bienestar personal: visualizar un estado de bienestar físico y mental, incluyendo buena salud, equilibrio emocional y prácticas de autocuidado.

Experiencias de viaje y aventura:

- Exploración del mundo: vernos explorando lugares nuevos, culturas diferentes y experiencias emocionantes a través de viajes y aventuras.
- Verse en una playa paradisiaca: visualizarse paseando por la orilla del mar, al atardecer, de la mano de la persona amada, hablando de lo que ambos sienten y desean.
- Momentos memorables: imaginar momentos signi-

ficativos durante los viajes, como puestas de sol impresionantes, encuentros con personas fascinantes, creándose recuerdos inolvidables.

- Alojarse en un hotel de lujo: visualizarse en una habitación con piscina privada, vistas al mar, cenando comida riquísima en el restaurante del hotel.

Logro personal:

- Superación de obstáculos: concebir la superación de desafíos y obstáculos personales, mostrando resiliencia y crecimiento.
- Autorrealización: figurarse que se alcanza el máximo potencial y se logra una sensación de propósito y realización personal.

Amor:

- Romántico y de pareja: imaginar que la persona amada nos dice las cosas bellas que deseamos, que somos la persona más maravillosa del mundo, que nos quiere con todo el corazón, que somos lo mejor que le ha pasado en la vida. Visualiza la boda que deseas, que tienes a tu bebé en brazos.

- Caricias sin fin: recrea en tu mente que la persona amada te besa, abraza, acaricia, te desea.

Todo se resolvió:

- Celebración familiar: visualiza que te encuentras celebrando con tus seres queridos que todo se resolvió satisfactoriamente; ganas mucho dinero, superaste una dificultad, te has casado y tienes hijos, has terminado un proyecto, estás inaugurando tu casa nueva o te hallas en un restaurante de lujo con vistas al mar, firmaste el contrato que deseabas o estás disfrutando del coche de tus sueños.

También puedes visualizar a tus seres queridos que, en estos momentos, puede parecer que tengan problemas. Imagínatelos en escenas de éxito y disfrute, al margen de todo lo que aparentemente les preocupa y les falta.

Si sientes que están nerviosos y con ansiedad, visualízalos meditando en la playa contigo. Y si crees que les falta dinero, visualízalos muy felices invitándote a comer para contarte que todo les está yendo muy bien económicamente.

Ellos son tu espejo. Analiza qué parte de ti, no resuelta, puede estar implicada en que los veas de ese modo.

Visualizarlos así no tiene por qué hacer que sus vidas mejoren. Sin embargo, la energía positiva que les envías vuelve a ti multiplicada por cien, de modo que te convertirás en un transmisor gigante de buena vibración y de energía positiva que tiene muchas posibilidades de alcanzarles con un ejemplo de vida sana.

Tú no tienes tanta capacidad como para favorecerlos o perjudicarlos. Ellos tienen sus propias cuestiones pendientes de resolver, pero, por resonancia y vibración, estás haciendo un mundo mejor para todos.

Procura que las escenas que recrees sean muy detalladas y apóyate con fotos sacadas del ordenador. Puedes alojar esas fotos en tu móvil, por ejemplo, en un grupo de WhatsApp con personas que compartan tus objetivos y tu forma de buscarlos, con tu pareja o contigo mismo. También puedes hacer el típico panel de visiones, pero yo lo que más aconsejo es colocar esas imágenes en tu libreta consciente o en tu móvil. No es necesario mostrar tus fotos, el entorno no suele ser favorable.

Observa estas fotografías más de tres veces al día.

Cuando alcances un nivel más avanzado, solo desearás cosas que favorezcan a muchas personas, ya sean familiares, compañeros de trabajo o a todo el mundo; como mínimo, a más de dos personas.

Todas estas cuestiones relativamente simples, terrenales, egoicas, falsas o erradas las visualizas y las deseas porque eres hijo de Dios y te mereces todo lo bueno, pero, en todo momento, sabes que tú eres mucho más que todo esto. Deseas todas esas cosas para ser más feliz. Por lo tanto, el objetivo subyacente, que te beneficia hacerlo consciente, es que tú también deseas felicidad y paz. Así que te viene bien visualizarte en escenas de disfrute y paz, simplemente, meditando en la playa, tú solo, mirando al horizonte.

A otros niveles más elevados, también debes ser consciente de que deseas despertar y encontrar el camino de vuelta a casa. Como ayuda, puedes repetir frases como «gracias, Dios Padre, porque estás conmigo en todo momento», «gracias, porque soy tu hijo amado y me has creado perfecto», «gracias, porque yo habito en ti y tú habitas en mí».

Esto que te acabo de contar son los llamados «niveles

de deseo». Es importante que los conozcas y les prestes mucha atención, dedicándoles una parte de tu visualización.

En *Los 7 hábitos de la gente altamente efectiva*, Stephen Covey enfatiza en la importancia de la visualización creativa como parte del hábito denominado «comenzar con un fin en mente». «Haz de la visualización creativa tu hábito diario», insiste él.

Este hábito se centra en la idea de que las personas deben definir claramente sus objetivos y metas antes de abordar cualquier tarea o actividad. Covey sugiere que la visualización creativa diaria de los objetivos ayuda a alinear las acciones de cada día con una visión más amplia y también a mantener el enfoque en lo que realmente importa.

La visualización creativa te permite «recordar tu futuro», ya que, a nivel mental, estás dando por hecho un futuro favorable a tus deseos e intenciones y lo estás visualizando y creando en el presente. Recuerda que el tiempo lineal no existe.

Siempre recibes lo que deseas o algo mejor. A veces, ese algo mejor es simplemente nada, puesto que, si no estás preparado para lo que deseas, lo mejor que te puede ocurrir es no recibirlo por ahora.

Existen muchas técnicas de manifestación consciente y deliberada que aconsejan poner una fecha de cumplimiento a tu deseo y visualizar en grande. Todo está bien, pero yo propongo visualizar cantidades de aproximadamente el doble de lo que ahora tienes y generas; propongo no poner fechas porque «tenemos que desapegarnos del cómo y del cuándo», que forman parte del ámbito del universo y no son cosa nuestra. Pero sí podemos hablar de objetivos «para este año», por ejemplo.

Si algo que hemos pedido para este año no se ha cumplido, esto no quiere decir que la técnica no funcione o que hayamos fracasado. Tan solo significa que llegará cuando tenga que llegar, en otro momento.

El universo siempre nos dice sí a todo y siempre nos concede todo de forma inmediata. El único problema que impide que no lo veamos físicamente en nuestras manos en ese mismo instante es que nosotros creemos en el tiempo. Esta creencia nos hace pensar que la manifestación de nuestro deseo conlleva una cantidad de tiempo determinada.

Cuando crees que todo necesita tiempo, o cuando crees que el tiempo existe y que es lineal, estás totalmente desalineado del universo, de tu inconsciente y de tu divinidad, que son totalmente ajenos a esas creencias terrenales absurdas. Como consecuencia, es mucho más complicado que se produzca tu manifestación.

Es difícil visualizar escenas de salud sin pensar en la enfermedad que te preocupa. Por lo tanto, para mejorar en la salud, yo aconsejo visualizar escenas felices de playa, de una en concreto que te guste mucho y te emocione. También aconsejo visualizarte haciendo aquello que amas y que tu problema físico te impide hacer. Como consecuencia de alegrar tu corazón, tu salud mejorará.

Asimismo, resulta difícil visualizar escenas de dinero, manteniendo una intención pura y libre de miedos y carencias, por lo que yo aconsejo, además, visualizar escenas donde te lo estás pasando muy bien, en esa playa maravillosa de la que hablábamos antes. Esto eleva tu vibración y producirá efectos positivos en tus negocios, en tu economía, en tus ingresos y en todo.

Antes de cerrar los ojos para visualizar, conviene beber un poco de agua e intentar lograr la oscuridad total, con el fin de aislarnos lo más posible del exterior. Esto se puede hacer poniendo la habitación totalmente a oscuras o cubriendo nuestros ojos con un antifaz o un pañuelo.

En resumen, en tu visualización de cada día es importante que integres diferentes elementos, como agradecer varias cosas que ya están ocurriendo en tu vida, agradecer tu pasado, agradecer lo malo, pues te está enseñando. También puedes incluir el agradecimiento anticipado de cosas que aún no han sucedido. Por otro lado, puedes visualizar a tus seres queridos en una situación muy favorable y positiva para ellos, o los éxitos a los que aspiras como si los hubieras conseguido ya. Simplemente, piensa en escenas que te hagan sentir muy bien y que deseas que se produzcan en tu vida. Pero visualízalas sin expectativas, pues así conectarás con tu divinidad y con Dios Padre. Para terminar, puedes incorporar escenas que beneficien a todo el mundo: si hay sequía, visualiza que llueve y que todos lo celebran; si te perturba alguna guerra, visualiza que los contendientes se abrazan y celebran la paz, etc.

Visualizar es dedicar tiempo a diseñar tu vida. Una hora cada día es mejor que media hora. Lo que te beneficiará es integrar este hábito en tu rutina diaria. Puedes empezar con diez minutos y, poco a poco, ir aumentando el tiempo que le dedicas.

Palabras mágicas para recordar

Todo lo que te ocurre son bendiciones, incluso los desafíos.

17

El patinete

Un patinete es un vehículo de pequeñas dimensiones diseñado para el transporte individual. Por lo general, consta de una plataforma horizontal, para que el usuario coloque sus pies, y dos ruedas, una en la parte delantera y otra en la trasera. Existen dos tipos principales de patinetes, el tradicional y el eléctrico.

En esta historia consciente, nuestro protagonista se llama Alberto, vive en Austin (Texas) y es un hombre de mediana edad que practica la ley de la atracción a nivel elevado y no le va mal.

Ya sabe mucho.

El coche de sus sueños es un Tesla Model S, valorado

en ochenta mil dólares. Por el momento, está actuando correctamente: ha sacado fotos de internet y las tiene puestas en su libreta consciente, en el espejo del cuarto de baño y en su móvil. Cada día, antes de visualizar, observa sus fotos y se emociona, pues es un coche increíble y desea tenerlo.

Su actual automóvil es un Honda Civic que, la verdad, funciona muy bien.

Alberto también visualiza «a color», integrado él mismo en la escena; en el coche le acompaña su hermano y le dice lo mucho que le gusta.

Un día alguien deja un patinete cerca de la puerta de su casa. Seguramente, hayan sido unos vecinos que se están mudando y, como no les entraba en el camión de la mudanza, con buena intención, han pensado que quizá alguien pudiera aprovecharlo.

Alberto ve el patinete al salir de su casa y se enfada con el universo. Dirige su mirada hacia el cielo y exclama: «¡Vaya tontería de patinete! Por si no te has enterado, lo que yo te he pedido es un Tesla Model S y no este estúpido juguete». Después, coge el patinete y lo tira a la basura.

Punto número uno: cuando estás visualizando un coche concreto, le estás diciendo al universo que no lo tienes y que lo necesitas o lo deseas, lo cual implica una carencia. Hay que tener mucho cuidado con esto, a lo que llamamos «ley de la repulsión» y que se activa al mismo tiempo que la ley de la atracción.

Para evitar la ley de la repulsión, nuestra intención tiene que ser pura, ausente de dudas o de no merecimiento. No pasa nada por visualizar el coche concreto que queremos, pero aconsejo visualizar, además, otras escenas genéricas, como, por ejemplo, una en la que estamos disfrutando junto a un río en plena naturaleza o escenas que acompañen a la del coche y que sean más difíciles de bloquear por nuestra mente lógica, que es la encargada de decirnos que solo con visualizar el automóvil no es suficiente para tenerlo. Razón no le falta, pero nosotros insistiremos e insistiremos.

Punto número dos: la visualización y la vida tiene que ser divertida; el que se enfada, no manifiesta.

Punto número tres: todo ocurre por algo y para algo, nada sucede por casualidad. El universo no da puntada sin hilo. Entonces ¿qué hace ese patinete en mi puerta?

Debes aprovechar todo en la vida.

Imagínate que tienes una actitud de curiosidad y disfrute ante todo lo que pasa en tu vida. Una alternativa es descubrir el patinete junto a tu puerta, mirar al cielo y decirle al universo: «Gracias, porque este patinete parece una muy buena idea». Luego, te montas en él, recordando tus años de juventud, y das un par de vueltas a la manzana; puede que aparezca otro señor montado en otro patinete y que, cuando te vea, se quede agradablemente sorprendido.

Siempre debes decir «gracias, universo» pase lo que pase, ocurra lo que ocurra, incluso aunque te caigas del patinete y te hagas daño, porque todo es por tu bien, pese a que, a veces, al principio, no lo veamos así.

El simpático señor con el que se cruza a Alberto se llama Tomás y le dice que cruzarse con otra persona que vaya en patinete como él le ha parecido una coincidencia maravillosa, así que le propone acompañarlo a dar un paseo juntos. Alberto contesta afirmativamente porque, entre otras cosas, se lo está pasando muy bien con su patinete y, además, le ha agradado el encuentro con Tomás.

Tomás ha quedado con su primo Juan para tomar un café cerca. Cuando llegan, le presenta a Alberto y se ponen a charlar animadamente. Juan cuenta que acaba de vender su empresa tecnológica por 1500 millones de dólares y que se va a trasladar a vivir a Hawái, tiene varios coches y le quiere regalar uno a su primo Tomás, a lo que este responde que ya tiene tres; además, son buenos coches y no necesita sustituir ninguno ni tampoco tener uno más.

Como Alberto les ha caído tan bien, le preguntan si le gustaría recibir ese regalo, a lo que Alberto contesta que él no necesita nada, pero que, si le dan más detalles, se lo pensará. Entonces, Juan le dice que el coche del que desea desprenderse es un Tesla Model S y, aunque él lo puede poner a la venta, ya había pensado regalárselo a alguien.

Repito, todo ocurre siempre por algo y para algo, nada sucede por casualidad.

La vida te sorprende solo cuando estás abierto a que te sorprenda.

Yo vivo milagros todos los días. Gracias a seguir el plan mental que te estoy proponiendo en este libro, he dejado de tener aprendizajes basados en grandes desafíos, grandes disgustos, grandes pruebas, y he pasado a experimentar aprendizajes fundados en el conocimiento y el perdón, lo que produce que cada año me sienta mejor, cada año vivo mejor y, continuamente, vivo experiencias milagro maravillosas.

Alberto ahora posee el coche de sus sueños. Lejos de enfadarse con el universo, lejos de tirar el patinete a la basura, lo único que hizo fue integrar en su vida disfrute y conocimiento, a través de lo cual entendió que todo tiene un sentido, aunque al principio no lo viera así. En realidad, lo único que tenemos que hacer es pasárnoslo bien con todo lo que surja en nuestra vida.

Otra versión de esta historia bien pudiera ser que, después del paseo en patinete, Tomás, mientras toma un café animadamente con Alberto, le confiesa que tiene un concesionario de vehículos marca Tesla y le ofrece un trabajo duplicándole el suelo de su actual empleo y donde, además, podrá hacer uso de un coche de empresa, curiosamente, un Model S.

El universo siempre conspira a tu favor.

Quien visualiza lo que quiere es capaz de tomar mejores decisiones y más rápidamente. También es capaz de percibir mucho mejor las oportunidades. Claro está, si aplicas el plan mental completo, las oportunidades inesperadas se desplegarán ante ti de manera exponencial.

¿Por qué seguimos depositando nuestra fe en nuestros esfuerzos, en vez de en la conexión con nuestra esencia divina, con la mejor versión de nosotros mismos?

Palabras mágicas para recordar

Todos debemos convertirnos en buscadores de felicidad, plenitud, amor y armonía, y el que busca no debe dejar de buscar hasta que encuentre.

18

El hombre bicicleta

Un hombre posee una bicicleta, que utiliza como medio de transporte. En estos momentos, no tiene coche, pero desea tener uno, aunque no se lo puede permitir. En la casa en la que vive, tiene un garaje, donde guarda su bicicleta, que cada día usa para pasear e ir a trabajar.

La ley del ser, hacer y tener nos dice que actúas acorde a lo que eres: inevitablemente, tienes la vida que tienes como consecuencia de lo que eres y de lo que haces. Esta ley también se conoce como «ley del orden», porque el orden correcto es, primero, ser; luego, hacer y, por último, tener.

A veces, cuando queremos conseguir algo, nos esforzamos mucho en hacer y en hacer; todo el rato queremos hacer más cosas para vivir mejor.

Pero si en nuestro interior no se produce una transformación, si en nuestro interior seguimos siendo lo mismo, pensando lo mismo y mantenemos las mismas creencias, los mismos hábitos, la misma actitud, las mismas emociones, en nuestro exterior seguiremos viviendo igual.

No se trata de hacer, sino de ser.

Por poner un ejemplo, imaginemos que nos ponemos a dieta, comenzamos a practicar ejercicio físico y a seguir una alimentación saludable; todo esto para adelgazar. Conseguimos bajar tres kilos, pero llega un momento en el que la dieta nos resulta agotadora y bajamos la intensidad de nuestro esfuerzo. Como consecuencia, recuperamos esos tres kilos con rapidez: a esto se le llama «efecto rebote», y se produce porque, en realidad, seguimos siendo la misma persona que éramos, por lo tanto, volvemos a tener el peso que teníamos antes.

Hacer ejercicio y tener una alimentación saludable vienen muy bien, pero sin un entrenamiento mental, es difícil conseguir resultados permanentes en el tiempo. Además, no estaremos disfrutando nada de ese proceso.

De modo que eres lo que eres, y no eres otra cosa distinta porque eso es lo que eres.

En concreto, a nuestro hombre del ejemplo podríamos definirlo como un hombre-bicicleta, cuando él lo que quiere ser es un hombre-coche.

Hay varias cosas que pueden venirle bien para conseguir tener un automóvil, para pasar de ser un hombre-bicicleta a ser un hombre-coche. Lo primero es no maldecir su situación; lo segundo es agradecer y ver con amor todo lo que es y todo lo que tiene en este momento; lo tercero es negar su realidad de hombre-bicicleta para no perpetuar energéticamente esta situación.

Cuando vaya al garaje, en vez de ver la bicicleta que allí hay, debe ver el coche concreto con el que sueña.

Como es muy difícil ver físicamente lo que todavía no existe, el hombre de nuestro ejemplo puede empezar por cerrar los ojos cada día varias veces y visualizar cómo va al garaje y allí está ese coche maravilloso que desea. Ya sabes que desear es un bloqueo a la manifestación, pero, en este caso, hay que enfocar deseando de la forma correcta, que es sintiendo que ese coche ya existe y está en el garaje.

«Sentir es el secreto» es una frase mágica de Neville

Goddard. Otras citas suyas son «tu imaginación es tu principal herramienta» o «visualiza que estás en un momento en el tiempo en el que ya todo se ha resuelto satisfactoriamente». En nuestro ejemplo, esto significa que ya sientes que estás en tu coche.

En tu mente, en tu imaginación, vas a tu garaje, lavas tu coche, montas en él, lo arrancas y lo conduces, a ser posible, acompañado de alguien conocido como, por ejemplo, tu hermano, un amigo, tu pareja, para que tu mente acepte mejor la idea. También puedes establecer diálogos imaginando que la otra persona te dice que le gusta mucho tu automóvil, pues es muy cómodo, tiene un color muy bonito y un buen motor. Es bueno que incluyas alguna escena divertida.

Cuando consigas hacer creer a tu mente que realmente tienes un coche, entonces te habrás transformado en hombre-coche. A partir de ese momento, tu mente hará que actúes como tal, te permitirá comportarte como un hombre-coche y, como consecuencia de ese proceso, terminarás teniendo un coche.

Recuerda: primero, la transformación y, después, la manifestación.

El tiempo que transcurre entre que sientes y sabes que tienes un coche hasta que lo tienes físicamente se llama «salto de fe», pues, durante ese tiempo, y aunque no estés viendo físicamente el coche, debes tener la fe de que el salto y la transformación ya se han producido. Si en este espacio de tiempo pierdes la fe, la manifestación nunca llegará a producirse.

Si te asaltan dudas y sentimientos de carencia en relación con que no te mereces el coche o que es muy difícil que lo consigas o que todo el mundo tiene coche menos tú porque tú eres menos que ellos, entonces, volverás a convertirte en hombre-bicicleta.

De lo contrario, llegará un punto en el que bajes al garaje donde solo está tu bicicleta y seas capaz de ver el coche que todavía no hay; llegará un punto en el que vayas en bici camino del trabajo y sientas que el aire te da en la cara porque has bajado la ventanilla de tu coche; y que cuando en la oficina alguien te diga «qué bicicleta más bonita tienes», tú te extrañes muchísimo de que no mencione el coche con el que has ido al trabajo.

Todo este juego mental debes realizarlo mientras llevas una sonrisa amplia y generosa en los labios, deleitándote en el proceso. Sin esa disposición, el éxito es imposible.

Cuando estés rodeado de familiares y amigos que sinceramente te quieren, que te ven con capacidad para grandes cosas en la vida, incluso para tener un coche, que entienden el juego mental que estás llevando a cabo e incluso participan en tus avances mentales —por ejemplo, haciendo bromas de lo bien que te sentías hoy llevando al trabajo tu bicicleta casi coche—, significará que gozas de un tesoro del que casi nadie disfruta. La transformación suele ser una revolución individual, personal e interior si tienes con quien compartirlo. En ese caso, siéntete muy afortunado.

Como he comentado varias veces, yo propongo que los paneles de visión no estén a la vista, sino en libretas conscientes, porque tu entorno, lejos de ser amigable, suele ser hostil a tu transformación interior, pues ellos no han conseguido esa transformación y quieren que tú seas como ellos. Aunque a veces digan que te apoyan y que tú vales, que tú mereces eso y más, y que sigas adelante, en su corazón sienten miedo de tu éxito y boicotean inconsciente y energéticamente la fuerza y la convicción interior que necesitas para sacar adelante este proceso.

Puedes tener la foto de ese coche concreto que deseas en tu móvil, en tu cartera, en el espejo del cuarto de baño, en todos los sitios que desees, pero sobre todo, en tu mente y a todas horas.

Como tu mente terrenal, *egoica* e inconsciente sabe que estás visualizando un coche porque no lo tienes, aquí se aplica la ley de la carencia y la ley de la repulsión, por las que estás alejando tu deseo solo por desearlo, a no ser que lo consigas hacer con intención pura, ausente de miedos y culpas. Yo aconsejo complementar todo este proceso con el plan mental del que estamos hablando continuamente en este libro, para que tu mente terrenal, *egoica* e inconsciente no tenga éxito al bloquear tu transformación.

Para ello, te animo a visualizar escenas genéricas de disfrute en las que tu pareja te diga que te quiere mucho, pues escenas de este tipo facilitan que te conviertas en hombre-coche: visualizar escenas genéricas de disfrute ayuda en tu propósito de ser un hombre-coche.

El conocimiento te da poder, por lo tanto, a medida

que lees y estudias, te convences de cómo funciona este proceso, este juego de la vida: reconoces que es posible, lo cual te facilita el camino. Adquirir un nuevo conocimiento o repasar y profundizar en el conocimiento que ya tienes permite que tu mente se llene de nuevas ideas, lo que acelera la transformación de tu mente para convertirte antes en hombre-coche.

El motivo por el que ahora tienes una bicicleta en vez de un coche está relacionado con bloqueos del pasado, programas transgeneracionales, memorias de culpa, etc. Durante este proceso de transformación, en algún momento, sentirás que no lo estás haciendo bien, porque, si no, ya tendrías el coche. En estas ocasiones es cuando debes aplicar el nuevo perdón que hemos estudiado páginas atrás.

Sentirás dudas porque pensarás que, aunque consigas el dinero para comprar el automóvil, el mantenimiento económico de este será más caro que el mantenimiento de la bici; creerás que tienes que tener más dinero en tu día a día para poder tener un coche y, como ahora no lo tienes, esas dudas se agarran a tu pecho, te angustian. Es en esta situación cuando debes ejercitar el perdón que te propongo en este libro.

No eres capaz de imaginar completamente cómo es tu vida con un coche, por lo tanto, sientes cierta incomodidad ante ese nuevo mundo, que es mejor pero desconocido para ti. En estos momentos, debes aplicar el perdón.

Con la ayuda del Espíritu Santo, podrás entrar en paz en la situación, podrás seguir adelante con el proceso, desarrollando confianza en algo superior a ti que, aunque forma parte de tu ser, en realidad, es una parte tuya más completa y perfecta.

El Espíritu Santo contribuye al desbloqueo de la causa.

¿Qué es lo que estamos haciendo? Visualizar, estudiar y perdonar. Si además haces ejercicio físico, sigues una alimentación sana, evitas los videojuegos y las series infinitas de televisión, te marcas metas y objetivos en todas las áreas de tu vida continuamente, surgirá en ti determinación y perseverancia y será muy difícil que no te conviertas en alguien arrollador y amorosamente imparable.

El éxito en la Tierra es una cuestión de metas y hábitos. Si además incluyes conocimiento y recursos espirituales, conseguirás pasar a un nivel elevado de riqueza consciente.

Todo esto son procesos y todo se produce de forma progresiva más que instantáneamente.

Recuerda que te he prometido que, con este plan mental, con este entrenamiento mental, cada año vivirás mejor que el anterior, te lo aseguro.

Visualizar cada día tu coche con amor y abrir los ojos y volver a ver tu bicicleta se denomina «choque de realidades». Esto quiere decir que, en ese momento, tienes una realidad mental que choca con tu realidad física. Entonces, debes ser compasivo con este juego y disfrutar con las paradojas, tienes que mantener una actitud inquebrantable ante el desánimo y el desaliento.

Este libro también trata de actitud y estilo de vida. Trata de cómo desarrollar una actitud de vida diferente, cómo caminar por la vida de un modo distinto para conseguir manifestar todos nuestros deseos anuales conscientes.

Para conseguir más, tienes que ser más; para vivir mejor, tienes que ser mejor.

Palabras mágicas para recordar

Para vivir mejor, hay que ser mejor; para tener más, no hay que hacer más, simplemente, hay que conectarse más con tu esencia divina, tan solo hay que ser más. Aquí no hemos venido a hacer, hemos venido a ser.

19

Las tres calles

Imagina que estás de vacaciones en una localidad turística muy bonita en la que no has estado nunca. Te hallas en una plaza, con un mapa y, delante de ti, hay tres calles. Debes elegir una de las tres calles para seguir tu paseo y continuar pasándotelo bien en tus vacaciones.

En la calle de la izquierda, hay un pícaro ladrón que está pensando en robarle la cartera a algún turista como tú, que esté distraído observando los monumentos; en la calle del centro, disfrutarás de un paseo agradable por todo lo interesante que hay en ella; y en la calle de la derecha, hay un primo lejano tuyo, que vive en otro país y que lleva dos años buscándote sin haber podido encontrarte para decirte que te corresponde una parte importante de los quinientos millones de dólares que os dejó un familiar en herencia.

A nivel consciente, tú no tienes ni idea de lo que te deparará cada una de las tres calles. Pero recordemos que tu inconsciente está conectado con todo y con todos, por lo tanto, él sí sabe todo lo que piensan en ese momento las otras personas.

Mientras que tú crees que tienes libre albedrío y que escoges siempre en libertad lo mejor para ti, en realidad, si en tu inconsciente has grabado, en algún momento de tu vida, tú o tus ancestros, que eres mala persona, que eres culpable porque te aprovechaste de una situación, etc., no te preocupes porque, inevitablemente, elegirás la calle de la izquierda para que el ladrón te quite la cartera. Esto supondrá dos cosas: que te roben porque tú sentiste que robaste o sentir el castigo de ser robado porque la culpa que tienes de lo que pasó te genera castigo.

Tu inconsciente te hace vivir en tu mundo exterior la proyección de lo que habita en tu mundo interior. Sin embargo, esto no sería posible si no fuera porque tu inconsciente maneja mucha más información de la que tú te imaginas: tu inconsciente lo sabe todo.

Así, algunas personas repiten situaciones desagradables continuamente, según sus programas transgeneracionales o mentales, heridas infantiles o traumas del pasado, lo que hace que a algunas les vayan bien las cosas muy a menudo, pero a otras, mal.

En el caso de que tengas un programa de riqueza importante, como nada ocurre por casualidad, con seguridad elegirás la calle de la derecha, pues en tu vida siempre estás haciendo cosas que te reportan mucha satisfacción y mucho dinero.

Si, en esos momentos, no tienes activados programas especialmente malos o especialmente buenos, es muy probable que escojas la calle del centro. Recuerda que todo es para aprender algo como en la calle de la izquierda y que todo es para disfrutar algo como en la calle de la derecha.

Bien, tengo muy buenas noticias para ti: a partir de ahora, siempre saldrás ganando. Te propongo aprender y disfrutar al mismo tiempo, escogiendo siempre la calle de la derecha de forma intencionada porque estás siguiendo las instrucciones de este plan de entrenamiento mental que te propongo en este libro.

Cuando te levantas por la mañana, tu día ya está marcado previamente por lo que has hecho, pensado, sentido y dicho en las últimas veinticuatro horas, en la última semana, en el último mes, en el último año, en los últimos diez años.

Si no has practicado deporte asiduamente en los últimos cinco años, es muy difícil que mañana hagas la maratón de Nueva York. Pues con tu mente pasa lo mismo: si no has llevado un entrenamiento mental importante hasta ahora, el día de mañana solo escogerás la calle del centro o la calle de la izquierda.

Tu vida ya está marcada para aprender y vivir cosas concretas por ti mismo antes de venir a la Tierra. Ahora bien, con la vida que llevas cada día, tu vida mejorará o empeorará en relación a lo que ya tienes marcado aprender y vivir.

Muchas personas se dirigen a mí con un problema grave y acuciante, y yo siempre les contesto lo mismo: que se pongan a trabajar en este plan mental cuanto antes y así su vida mejorará de inmediato. Lógicamente, estas personas me insisten en que están muy preocupadas y que su situación requiere medidas urgentes.

En casi todos estos casos, están trabajando en contra

de todas las leyes porque su preocupación es contraproducente y les bloquea los canales de conexión con la creatividad divina, de donde podrían obtener la solución. Por otro lado, ese estrés resulta muy tóxico para su cuerpo, con lo que cualquier problema físico se puede agravar.

En muchas ocasiones, no han estudiado los pasos avanzados de la ley de la atracción e incluso a veces ni tan siquiera saben qué cosas básicas les impiden que entiendan su problema y cómo afrontarlo con éxito.

Tu vida mejora cuando realizas cambios conscientes.

Si ayer no te acostaste en estado de benevolencia ni visualizando tus metas como éxitos ya conseguidos ni leyendo un buen libro, habrás desperdiciado toda una noche de poner a tu mente a tu favor. Así, en los siguientes días, será más fácil que cojas la calle de la izquierda o la del centro.

Debes saber que tu mente terrenal no te odia, solo te incomoda continuamente hasta que recuerdas que eres una divinidad y empiezas a vivir acorde a lo que eres.

Para que tu día de hoy sea bueno, va a tener mucho que ver si has sembrado los días anteriores. Nos fijamos mucho en las redes sociales en los casos de éxito y creemos que no han hecho nada especial, creemos que es injusto que a nosotros nos vaya mal cuando a ellos les va bien, pero cuando vemos esos casos de éxito, estamos viendo el resultado, no estamos viendo el proceso.

En última instancia, es tu mente inconsciente la que te va a guiar, de forma que tú no tienes ni idea de qué calle te corresponde según los programas mentales grabados previamente. Cuando quieras que tu mente inconsciente elija la calle de la derecha, simplemente, tienes que hacer un entrenamiento mental con ella previamente, cada día, no solo durante años, sino toda tu vida.

No pretendo facilitarte un truco que te resuelva un problema: lo único que busco es que entiendas cuál es la única manera de andar por la vida, el nuevo y único estilo de vida.

Por mucho análisis que seas capaz de hacer, a nivel consciente nunca tendrás la información necesaria para tomar la decisión correcta; nunca vas a saber si este coche, en los próximos cinco años, te va a dar más problemas mecánicos que otro; nunca vas a saber, de forma previa, si tal trabajo en aquella empresa te resultará más satisfactorio y beneficioso en los próximos años que ese otro empleo;

nunca tendrás toda la información en tu mano para saber si esta inversión es mejor que la otra en los próximos años; nunca sabrás previamente si con la pareja que has elegido vas a vivir en plenitud toda tu vida o si te vas a separar en tres años y hubiera sido mejor elegir a otra persona; nunca tendrás la información suficiente como para conocer el futuro mientras que tu inconsciente lo sabe todo.

Palabras mágicas para recordar

Formas parte de la fuente que todo lo crea, créetelo.

20

Las dos islas

Imagina ahora que vives en una isla en un sitio paradisiaco.

Se vive bien, estás acostumbrado a esta isla. En ella, hay un hotel de tres estrellas donde tienes de todo, estás bien atendido, hay palmeras, un sitio para pasear, una playa con agua transparente y arena muy fina.

También hay un acantilado desde el que puedes ver otra isla que está muy cerca, como a unos veinte metros. Parece que está tan cerca y a la vez tan lejos... Solo a veinte metros... Casi la puedes tocar...

Desde este lugar, puedes ver que el hotel de la otra isla es de cuatro estrellas, que hay más palmeras y más sitio para pasear que en tu isla, y parece que allí vive gente encantadora, pues, en alguna ocasión, te han saludado desde lejos, sonriendo.

Claramente, la otra isla es mejor que la tuya, pero en tu playa no hay ninguna barca con la que puedas cruzar a ella. Y tampoco puedes ir nadando porque hay unas corrientes muy fuertes, y en la parte más cercana a la otra isla hay un acantilado muy alto, por el que puedes caerte y estrellarte contra las rocas del fondo.

De todas formas, no importa, porque te encanta tu isla y te llevas muy bien con las personas que hay en ella. Bueno, no con todas, pero sí con la mayoría. Entonces ¿para qué pasar a la otra isla? Aparentemente, no hay ninguna necesidad y crees que es muy probable que allí también tengan sus problemas y sus más y sus menos, como en tu isla.

El año pasado, una persona consiguió cambiar de isla, pero, claro, ahora está allí y no puede contarte cómo lo hizo. Lo cierto es que te gustaría preguntarle si realmente interesa cambiar de isla, porque tú tienes muchas dudas, aunque esa persona te parecía algo rara, pues no hacía más que repetir continuamente que quería vivir mejor.

Tú también quieres vivir mejor, pero, oye, no hay que volverse loco, ¿eh? Que tú en tu isla tienes de todo. Pero, en realidad, ¿qué es exactamente eso de vivir mejor? Tú quieres que te lo expliquen con claridad, porque querer pasar a la otra isla tiene sus riesgos: si lo intentas nadando, te puedes ahogar, y al subir por el acantilado, te puedes despeñar. Total, incluso las personas ricas también tienen sus problemas.

Así que piensas que mejor te quedas donde estás, que la gente de esta isla te entiende y te sientes a gusto. El problema es que últimamente tienes unos picores en el cuerpo que no has podido aliviar con los medios que hay aquí y has escuchado que los médicos de la otra isla son un poco mejores.

Además, alguien te ha dicho que en la otra isla hay un aeropuerto y se pueden hacer viajes por el mundo, pero, de todas formas, como tú no tienes mucho dinero, si consigues pasar a la otra isla, te vas a sentir frustrado porque no te vas a poder permitir el nivel de vida que hay en ella.

«Mejor me quedo donde estoy», te dices a ti mismo.

Por otro lado, en tu isla parece que cada vez hay menos palmeras y en el hotel de tres estrellas en el que estás alojado, últimamente, no reparan las cosas que se estropean, quizá porque no tienen mucho dinero, porque no saben repararlas o porque no ponen mucho interés. Pero, bueno, si aquí se vive muy bien, pues vamos a disfrutar y a trabajar un poco menos.

Pero, al mismo tiempo, sabes que estar en tu playa es algo incómodo, pues el escaso número de palmeras hace que no te puedas proteger del sol y cada vez tienes menos sombra para pasear y la isla no está igual de bonita ahora, con menos palmeras.

De repente, te acuerdas de que, el año anterior, otras dos personas pasaron a la otra isla y es muy raro porque esas dos personas, en vez de disfrutar de la playa y de los paseos, estaban todo el día trabajando y pensando cómo cambiar de isla. De modo que te entra la duda de si los que pasan a la otra isla son solo los que están locos o quizá sean los más tontos, ¿o tal vez sean los más cuerdos?

Las dudas que te asaltan son cada vez mayores porque a ti te gusta mucho leer y has escuchado que la biblioteca de la otra isla es más grande. Además, ahora mismo, no tienes pareja, pero, total, qué más da, si de todas formas, tienes un «medio algo» y con las dos últimas parejas que tuviste no fuiste capaz de encontrar una conexión elevada.

Un día, en uno de los periódicos viejos tirados en una esquina de la biblioteca, leíste que las personas en la otra isla llevan a cabo un trabajo interior de sanación de heridas, para evitar proyectar sus traumas sobre sus parejas y que, al mismo tiempo, sus parejas son su mejor herramienta para crecer y avanzar. También ponía algo sobre el tantra, algo así como que, gracias a que la sexualidad y el amor terrenal están muy unidos, se puede obtener una mayor plenitud en la intimidad de pareja, en la elevación de la consciencia que todo lo mejora. Pero, claro, en esta isla, las personas en general no practican nada de eso, incluso algunos te miran extrañados cuando comentas algunas de esos temas.

En la otra isla, hay un puerto deportivo con yates muy bonitos, pero, como tu nivel económico no es muy alto, es mejor que te quedes aquí para no tener envidia, viendo cosas que no te puedes permitir.

En el caso de que quisieras pasar a la otra isla, tampoco sería tan fácil, porque hay que dar un salto muy grande. Recuerdas haber leído en aquellos periódicos viejos que hay que dar un salto al vacío. Piensas que es una locura, pues puedes caer y morir, pero si otros han podido, ¿cómo lo han hecho?, ¿y por qué y para qué?

A veces, te preguntas: «Si yo soy hijo de Dios, ¿por qué no puedo vivir en la isla que me dé la gana haciendo lo que quiera? Además, ¿por qué en una isla hay yates y en la otra no?

Todo esto es muy confuso porque, aparentemente, en la otra isla, trabajan más y, sin embargo, en esta isla, la vida es más cómoda. Aunque también es posible que, en la otra isla, trabajen más porque hagan cosas que les gustan y, al mismo tiempo, disfrutan más con su trabajo y en su tiempo libre.

Parece que las cosas se te están complicando porque los picores que sientes en tu cuerpo están aumentando. Tu «medio algo» te ha dejado porque dice que le das muchas vueltas a la cabeza con la otra isla y que solo quiere vivir tranquila. Además, el otro día, hubo un pequeño vendaval que se llevó la mitad de las palmeras y casi toda la arena de la playa, el servicio de reparaciones del hotel no funciona adecuadamente y están saliendo muchas grietas en las paredes; encima, hace mucho calor en el hotel porque el aire acondicionado se ha estropeado otra vez.

Al final, has tomado la decisión de investigar en serio lo de ir a la otra isla. Sin embargo, y no sabes por qué, ahora muchas personas de tu isla te miran mal, te dicen que les estás dando la espalda a tus amigos de toda la vida, a tu familia; dicen que es de egoístas sentirse atraído por el dinero y el lujo que aparentemente hay en la otra isla. Así que concluyen que has sido dominado por tu ego y te tachan de materialista mientras que ellos fluyen. Dicen que te tomas demasiado en serio eso de la ley de la atracción, que ellos también la conocen y la practican, pero de una forma más relajada. Te acusan de ponerte muy pesado con el tema.

Todo esto te duele mucho porque no tienes argumentos contundentes ni concluyentes para defender tu plan, puesto que todavía no estás en la otra isla ni sabes a ciencia cierta si allí se vive mejor o si todo es un engaño.

Les explicas que en el hotel cada vez se vive peor, que cada vez hay más grietas, que el aire acondicionado se estropea a menudo, que hay palmeras y menos arena en la playa, que las relaciones de pareja no son muy conscientes y que las personas se divorcian con dolor o siguen emparejadas, pero sin amor, o viven sin pareja o con una casi pareja; que el servicio de salud no te alivia los picores; que hay que ser capaces de vivir cada vez mejor en todos los sentidos, en vez de fluir tanto.

Les dices que, por supuesto, no sabes cómo se vive en la otra isla, pero que, seguramente, es imposible permanecer porque la verdadera naturaleza de las personas es avanzar y mejorar, y que, cuando nos quedamos siempre como estamos, es posible que nuestra vida empeore poco a poco, de una forma sutil e imperceptible. Tú no sabes muy bien cómo explicarlo, pero a tu cabeza vienen frases como «camarón que se duerme se lo lleva la corriente» u otras de Robert Kiyosaki, como aquella que dice que la clase media no existe y que o estás preparado para mejorar o tu vida, inevitablemente, va a empeorar. Y por supuesto, te viene a la mente la cita bíblica de Mateo 13: 12-17: «Pues al que tiene, se le dará más, y tendrá bastante; pero, al que no tiene, hasta lo poco que tiene se le quitará. Por eso, les hablo por medio de parábolas; porque ellos miran, pero no ven; escuchan, pero no oyen ni entienden».

Pero ¿qué es lo que hay que tener? La interpretación posible es que el que tiene riqueza de corazón vivirá cada vez mejor y es imposible que un corazón rico no desee conocer todas las islas del mundo.

Ahora imaginemos que ya has tomado la determinación de pasar a la otra isla, pero lo peor de todo es que no tienes ni idea de en qué consiste concretamente la otra isla; simplemente, piensas que es mejor, pero no sabes cómo de mejor ni de qué manera o en qué sentido.

Hay algo en tu interior que te dice que tienes que avanzar, y es tu corazón. Sin embargo, tu cabeza se niega, te dice que no tienes datos suficientes, que tu vida no es tan mala.

Lo que yo te digo es que no tienes necesidad de esperar a que tu vida empeore para desear mejorar y que, lógicamente, si no deseas integrar en tu vida un proceso de mejora continua, es posible que tu vida pueda empeorar.

Por desgracia, no eres capaz de averiguar cómo pasar a la otra isla, ahora mismo no puedes pasar a ella, no estás preparado, porque, entre otras cosas, en estos momentos, tú perteneces a la isla en la que estás, tú eres la isla en la que estás.

Esto es terriblemente injusto porque, si tú quieres ir a algún lado, ¿por qué no poder hacerlo? ¿Por qué esa idea no le parece bien a todo el mundo? Además, ¿por qué tus amigos no quieren pasar a la otra isla contigo? Esto lo haría todo mucho más fácil porque lo cierto es que te diriges a un mundo desconocido para ti; sería mucho mejor llevarte a alguien de la mano, como a uno de tus amigos o a tu pareja o a algún familiar

Ellos te dicen que pueden pasar a la otra isla cuando quieran, pero que ahora mismo no quieren, no les hace falta, no lo necesitan, y te recuerdan que si tú sí lo necesitas, es porque estás en la carencia. Todo esto te agota porque no es que tengan razón ni tampoco todo lo contrario. ¿Por qué la vida no es más fácil? Justo ahora que necesitas toda tu energía para hacer cosas importantes en tu vida, para tomar decisiones importantes, es cuando parece que más te falta.

Así que te encuentras fatal, necesitas energía, necesitas amor, necesitas apoyo y, aparentemente, también más dinero para esta nueva vida.

Yo te digo que pasar a la otra isla es muy fácil, te digo que pasar a la otra isla te interesa muchísimo, que, si otros han podido, tú también puedes, y si tú también puedes y no cruzas, estarás renunciando a tus capacidades, estarás renunciando a tu energía natural. Yo te digo que, si eres hijo de Dios, puedes conocer todas las islas que quieras; te digo que, si te quedas en esta isla, tu vida va a ir a peor porque estás jugando a dar solo una parte de ti en vez de entregarte por completo a tu grandeza.

Tus problemas, que podríamos llamar aprendizajes, no se van a solucionar en la siguiente isla; sin embargo, sí que representa un avance en relación con tu situación actual. Cuando estés en la otra isla, verás que tu siguiente reto y desafío será pasar a otra isla mejor que hay un poco más allá, y así sucesivamente.

A esta experiencia terrenal hemos venido por algo y para algo, y seguro que no es para estar quietos sin avanzar y acomodarnos en un sitio.

Recuerda que el juego de la vida consiste en sentirse bien; también lo podemos llamar el juego de pasar de una isla a otra isla mejor, continuamente, además de que esto lo podemos realizar de una forma divertida y disfrutando.

Por tanto, aquí se acabaron todas tus dudas: ninguna isla es para quedarse, no te aferres, no te acomodes, siempre que te resistas a cambiar de isla, comprobarás cómo tu isla se deteriora inexplicablemente: cada vez habrá menos palmeras y más tifones, huracanes, maremotos. Nada se pondrá a tu favor cuando decidas dejar de avanzar.

Para pasar de esta isla a la otra, lo único que tienes que hacer es colocarte al borde del acantilado, al borde del abismo y dar un paso hacia delante. Veinte metros más allá está la otra isla, veinte pasos más allá hay una vida mejor para ti, lo malo es que hacer eso supone dar un salto al vacío.

Dar un salto al vacío da mucho miedo, da mucho vértigo, dar un salto al vacío es aterrador. Yo solo te puedo decir que no conozco a nadie a quien le haya ido mal cuando ha dado ese salto al vacío.

Por ejemplo, en mi anterior vida, yo era *product manager* en varias multinacionales españolas de servicios y ahora soy sanador cuántico y mentor espiritual. Por supuesto, vivo mucho mejor que antes y disfruto mucho más. ¿Que he tenido que reinventarme? Pues sí. ¿Que esta vida maravillosa no la he reconstruido ni en una semana ni en un año? Pues también. Sin embargo, cuando entendí que solo había un camino, todo se simplificó y las cosas se simplificaron.

Para mí fue muy fácil, porque, durante varios años, lo

pasé tan mal, tan mal, tan mal y caí tan abajo que toqué fondo, y ese fondo fue tan profundo que ya solo podía morirme o subir y salir de esa situación. Y aunque después también ha habido muchos momentos en los que lo he pasado muy mal, estaba totalmente convencido de que no iba a dar ni un solo paso hacia atrás; tocar fondo me preparó para casi todo.

Otro método que te va a permitir pasar a la otra isla sin tener que dar ese preocupante salto al vacío pasa por tres fases.

La primera de las fases es que, cada día, visualices que estás viviendo ese mundo maravilloso que intuyes que se vive en la otra isla, que tienes un yate en el puerto deportivo y que navegas en él acompañado de tus seres queridos, que estás en ese hotel mejor que el que tienes ahora, que estás paseando por la playa preciosa llena de palmeras que hay en la otra isla y que la tuya ya se ha quedado sin arena y sin palmeras.

Hay partes de ti que quieren pasar a la otra isla inmediatamente y empezar a disfrutar de esa vida mejor. No lo estás consiguiendo porque hay otras partes de ti que pertenecen por completo al sitio donde estás, que, en este momento, es tu paradigma, tu seguridad y tu comodidad, así que visualizar va a convencer a tu parte resistente de que ese salto, ese viaje, es realmente una vida mejor; conseguirás así que se familiarice con esa vida nueva, para que su resistencia disminuya.

Podemos utilizar el símil de la mente y el cuerpo. Por ejemplo, durante muchos años, con tu mente, has querido quedarte donde estás y has acostumbrado a tu cuerpo a este sitio, pero ahora tu mente quiere pasar a otro estado y tu cuerpo no quiere cambios tan bruscos.

También lo podemos explicar de otra manera: en el gimnasio al que yo voy, han puesto una pequeña piscina de agua muy fría para poder practicar los contrastes de temperatura, la crioterapia o el método Wim Hof. A pesar de que la temperatura de esa agua está a doce grados, no está demasiado fría, yo, con mi mente, quiero meterme allí y he hecho varios intentos, pero me resulta imposible sumergirme. Seguramente, será porque todavía mi mente no es tan fuerte como para obligar a mi cuerpo a hacer lo que yo quiero, ya lo conseguiré.

Cuanto más deporte hago, más control mental siento sobre mi cuerpo. Para ayudar en este proceso, también estoy leyendo libros de nutrición, ejercicio físico, y tengo planeado leer un libro del método Wim Hof. A través de estas lecturas, me voy mentalizando cada vez más de lo que me viene bien y bombardeo mi mente con ideas sanas.

Por lo tanto, la segunda de las fases consiste en leer y estudiar. Leer te facilita el conocimiento que te permite avanzar en la dirección que deseas, así que lo segundo que te aconsejo que hagas para pasar de esta isla a otra mejor es leer y estudiar textos relacionados con la ley de la atracción, la metafísica y la espiritualidad.

Ahora que ya estás totalmente enfocado en pasar a la otra isla, ahora que ya estás convencido del todo, eres capaz de entender por qué con un 99 por ciento de compromiso no se llega a ninguna parte, pues ese otro 1 por ciento de dudas te lo impide. También ahora eres capaz de entender que, con ese cien por ciento de convencimiento y de enfoque, aun así, es posible que te cueste. No puedes nunca en esta vida pretender tener éxito en nada con una implicación inferior al cien por ciento, te lo digo por experiencia propia y divina.

Tú ser es tan grande que no admite ni un ápice de mediocridad a tu alrededor, ni tan siquiera un 1 por ciento.

De una forma metafórica y virtual, pero, al mismo tiempo, muy real, leer y estudiar va a permitir que a tu mente enfocada en pasar a la otra isla se le ocurran ideas mágicas, como, por ejemplo, construir una barca para cruzar de una playa a la otra o construir un puente de cuerdas, pidiendo ayuda a las personas de la otra isla y atando las cuerdas a las palmeras de ambos lados.

Estudiar y documentarte convence y prepara tu mente y tu cuerpo para alcanzar el objetivo propuesto. Ya te dije en capítulos anteriores que la diferencia entre disfrutar de un paseo en coche o tener una experiencia desastrosa radica en estudiar o no estudiar las leyes de tráfico. También te dije que, para ser un buen arquitecto, hay que estudiar arquitectura. Con estos ejemplos, resulta fácil entender que, si no estudias las leyes de la Tierra, vas a vivir mal en ella.

Sin embargo, por mucho que te visualices en una vida mejor en la otra isla y por mucho que estudies y seas capaz de construir barcas y puentes, hay algo más que te tiene atado a esta isla. Para entenderlo, debes preguntarte: ¿por qué estoy precisamente en estos momentos en esta isla y no en otra?

Tal y como te he dicho, tú no estás en esta isla por casualidad, tú eres esta isla, tú estás adaptado a este sitio. Algunas de las cosas que te atan a este terreno concreto y te impiden dar el salto las llamamos programas transgeneracionales heredados, memorias dolorosas, memorias de culpa, memorias de miedo, programas de proyecto sentido. Hay muchas cosas aquí que tú has elegido y diseñado previamente. Da igual cómo se llamen y de dónde provengan, el caso es que te atan.

Por eso, te propongo la tercera de las fases, que consiste en utilizar el nuevo perdón que hemos aprendido para que, con la ayuda del Espíritu Santo, podamos sanar las causas que producen como efecto todas estas ataduras.

Así que, en tu día a día, si te perturba que haya grietas en tu hotel, debes utilizar el conocimiento y las frases del nuevo perdón para perdonarte por no estar ya en la otra isla, perdonarte por haberte perturbado y haberte puesto nervioso viendo las grietas, perdonarte por haberte creído que este mundo es real y material, perdonarte por creer que te has separado de todo y de todos.

Y esto mismo has de emplearlo si te perturbas con los comentarios que te hagan otras personas o si te atacas porque has sido un poco torpe o porque no has aprovechado una gran oportunidad.

Este perdón te libera de ataduras y cadenas que siempre tienen relación con el pasado, que, al mismo tiempo que son una ilusión, también tienen una apariencia muy real en este plano.

Este es el método que yo estoy usando para pasar de una isla a otra mejor.

Simplificando, con estas tres fases, podrás llegar al fin del mundo, de forma metafórica y real.

Esta historia consciente también se conoce como «historia del puente de cristal», porque el motivo por el que las personas que dieron un salto al vacío nunca se estrellaron contra las rocas al fondo del abismo es porque siempre hubo un puente de cristal duro y reforzado entre las dos islas. Pero sin un deseo ardiente de pasar al otro lado, sin una fe y un convencimiento total, jamás vas a poder descubrir ese puente transparente que te impide caer, jamás lo podrás ver con tu mente terrenal.

Una famosa frase de Antoine de Saint-Exupéry, que proviene de su obra maestra *El principito*, dice: «No se ve bien sino con el corazón, lo esencial es invisible a los ojos». Explica a la perfección cómo ese puente invisible solo lo podrás ver o sentir con tu corazón.

Saber pasar de una isla a otra implica tener un conocimiento básico e indispensable, sin el cual no puedes vivir bien. En general, todo lo que te ofrezco en este libro busca proveerte de lo esencial. Saber cómo cruzar a la otra isla será de gran importancia cuando, en la que estás ahora, tengas un problema grave, como el diagnóstico de una enfermedad incurable, sufrir de soledad, tener una angustia vital, ansiedad o escasez; cada año será peor. Mientras, en la otra isla, pueden ofrecerte un programa de formación basado en *Un curso de milagros*; tampoco sabes si este programa será capaz de ayudarte, pero yo en tu lugar probaría de todo.

Y, por si acaso se me ha olvidado comentártelo a lo largo del libro, SONRÍE.

Cuando estés leyendo y estudiando, sonríe; cuando estés visualizando, sonríe; cuando estés utilizando el perdón, sonríe; cuando estés dándote un baño en el mar, sonríe; cuando estés en el gimnasio en la cinta de correr, sonríe; cuando estés a punto de quedarte dormido, sonríe.

Tu sonrisa alegrará tu corazón y, de rebote, alegrará el mundo.

Palabras mágicas para recordar

Todos creen erróneamente que serán más felices cuando las personas a su alrededor cambien. El único que puede y debe cambiar es uno mismo.

21

El plan de entrenamiento mental para vivir mejor cada año

A continuación, te resumo todo lo visto a lo largo de las páginas anteriores. Sé que es mucha información, así que he tratado de condensarla al máximo para que la puedas tener siempre presente. Incluso puedes arrancar esta página o hacer una foto con el móvil y llevarla siempre contigo para asegurarte de que sigues el plan.

- Visualización creativa diaria (o estados de consciencia elevados).
- Desarrollo personal y aprendizaje continuo, incluido leer libros de crecimiento y desarrollo personal y espiritual (así te aseguras estar en crecimiento interior).

- Alimentación saludable y consciente.
- Ejercicio físico saludable y consciente.
- Vivir estableciendo metas continuamente a nivel terrenal y espiritual.
- Habitar en el amor y sentir amor.
- Practicar la gratitud, la creatividad y la autenticidad.
- Ejercer el perdón.
- Ser útil a ti mismo y al mundo, estar al servicio.

También podemos añadir:

- Elegir el ser en vez de la terrenalidad *egoica*.
- Salir de las trampas terrenales del tiempo, el espacio y la materia.
- Proporcionar a tu mente paz y enfoque, dar a tu mente conocimiento e intención.
- Practicar la entrega, la renuncia, la armonía, el desapego, la neutralidad, la humildad, el deseo sin expectativas.
- Actuar con convencimiento, confianza, intensidad emocional, fe y perseverancia.

- Adquirir la maestría del tiempo.
- Superar las tentaciones: el dinero, el poder, el sexo y la fama (en su formato tentación/desafío, no en el formato bendición, que es el que tenemos que habitar).
- Superar los desafíos y las pruebas que nos pone la vida antes de ascender de nivel.

Asimismo, debes entender y aplicar correctamente las principales leyes de la Tierra:

- La ley de causa y efecto.
- La ley del espejo.
- La ley de la atracción.
- La ley del camino fácil.
- La ley del mentalismo, todo es mente.

Por simplificar, la primera parte del plan consiste en visualizar, estudiar y perdonar. Céntrate en estos puntos y el resto del plan irá llegando por sí solo.

Has venido a disfrutar. No te distraigas.

Bibliografía

Por supuesto, no podría enumerar aquí todos los libros que me han inspirado o ayudado. Me limito a recomendar algunas de las obras que más han servido (directa o indirectamente) para escribir el volumen que tienes entre las manos. Te recomiendo que, a ser posible, los leas varias veces, en papel físico mejor que en electrónico o en audiolibro. La energía es distinta y puedes ir subrayando y tomando notas.

Todo lo que aprendas en esta vida en el plano de crecimiento personal, espiritual, metafísico y de la ley de la atracción es lo único que te llevas a las siguientes vidas. El presente libro, y todos los que te recomiendo que leas, te proporcionarán una experiencia mejor en esta vida y en las siguientes.

Para lograr los objetivos que he descrito en este libro, te recomiendo la obra completa de los siguientes autores: Joseph Murphy, Neville Goddard, Gary Renard, Joe Dispenza, David R. Hawkins, Esther y Jerry Hicks, Brian Tracy, Conny Méndez, Cindy Lora Renard, Marta Salvat, Wayne Dyer,

Gawain, Shakti, *Visualización creativa*, Málaga, Sirio, 2000.

Hill, Napoleón, *Piense y hágase rico*, Barcelona, Obelisco, 2012.

Slatter, Jean, *Pon el cielo a trabajar*, Málaga, Sirio, 2008.

VV. AA., *El Kybalión. Los Tres Iniciados*, Málaga, Sirio, 2008.

VV. AA., *Un curso de milagros*, Foundation for Inner Peace, 2018.

Wattles, Wallace D., *La ciencia de hacerse rico*, Barcelona, Obelisco, 2022.

Las películas que me salvaron la vida

Además de muchos libros imprescindibles, también hay una serie de películas que nos ayudan a despertar y que nos aportan conocimiento y energía en la confección de nuestro plan. Continuamente, me encuentro con personas que no las han visto, lo cual me parece asombroso. Llamo a estas películas «las indispensables». Yo las he visto todas varias veces, en algunas ocasiones, tomando apuntes, sobre todo, de las siete primeras.

El cambio, de Wayne Dyer. Wayne Dyer aborda la importancia del cambio y la transformación personal como clave para lograr una vida plena y significativa.

Tú puedes sanar tu vida, de Louise Hay. Louise Hay explora la conexión entre la mente y el cuerpo, centrándose en cómo los pensamientos y las emociones pueden afectar la salud y el bienestar.

La ley de la atracción. El secreto. Explica cómo nuestros pensamientos y emociones pueden influir en la realidad que experimentamos.

El guerrero pacífico. Basada en el libro de Dan Millman, narra la historia de un joven atleta que busca la iluminación espiritual a través de las enseñanzas de un maestro misterioso.

Heal. Sánate a ti mismo. Explora el poder de la mente y la conciencia en el proceso de curación física y emocional, presentando historias de personas que han experimentado sanación transformadora.

El poder de la intención, de Wayne Dyer. Dyer explora el papel de la intención en la creación de la realidad y cómo podemos utilizar conscientemente la intención para manifestar lo que deseamos.

Hay una solución espiritual para cada problema, de Wayne Dyer. Dyer sugiere que las soluciones espirituales pueden abordar cualquier problema que enfrentemos en la vida.

Atrapado en el tiempo. La película aborda temas de repetición y crecimiento personal.

Nuestro hogar, de Chico Xavier. Esta película está basada en un libro psicografiado por Chico Xavier y explora temas espirituales y de vida después de la muerte.

Conversaciones con Dios, de Neal Donald Walsch. La serie presenta diálogos entre Neal Donald Walsch y una entidad espiritual que se identifica como Dios, explorando temas filosóficos y espirituales.

Las 7 leyes espirituales del éxito, de Deepak Chopra. Deepak Chopra presenta siete principios espirituales para alcanzar el éxito y la realización personal.

La ciencia de los milagros, de Gregg Braden. Braden explora la relación entre la ciencia, la espiritualidad y los milagros, examinando la conexión entre la mente y el mundo que nos rodea.

Pon en marcha tu plan

Gracias por haber llegado hasta aquí y más gracias aún por decidirte a aplicar el plan.

Ahora, si la lectura de este libro te ha ayudado, inspirado o incluso removido lo más mínimo, te animo a dejar tu testimonio en redes sociales con tu foto o con un vídeo, a ser posible con el libro, junto con tu experiencia maravillosa de mejora de vida, de transformación interior, y poniendo al pie:

@cristobal.amo.martin
#planmentalcristobal

A través de este *hashtag*, podemos crear una comunidad comprometida con la riqueza, la salud y la paz desde un enfoque consciente y fácil.

Cuantas más personas compartan comentarios positivos con este *hashtag*, más personas se animarán a hacer lo mismo y mejorar.

Siempre que veas personas con el *hashtag* #planmentalcristobal, tendrás la tranquilidad de que están siguiendo las instrucciones de este libro y que se trata de personas conscientes con las que te puedes comunicar, emparejar, hacer negocios, relaciones de amistad o incluso grupos de estudio, para enfocar así vuestras mentes hacia objetivos comunes de plenitud.